# 高职院校"岗课赛证"综合育人研究

刘志成　谭传武　刘　硕/著

GAOZHI YUANXIAO
KEGANGSAIZHENG
ZONGHE YUREN YANJIU

湖南铁道职业技术学院国家"双高计划"建设成果

中南大学出版社·长沙
www.csupress.com.cn

本书系湖南省教育科学"十四五"规划 2023 年度课题《产教融合背景下高职"岗课赛证"综合育人模式研究》（XJK23CZY008）研究成果之一。

# "双高计划"建设成果编撰工作委员会

Compilation Committee of "Double High-levels Plan" Achievements

**主 任**

方小斌　张　莹

**常务副主任**

刘志成

**副主任**

彭新宇　郑明望　唐伟奇　胡颖蔓　易今科　唐亚平

**成 员**（按姓氏笔画排序）

王新初　邓木生　叶小红　田文艳　史景锋　丛　峰
宁云智　朱宇轩　刘　捷　齐绍琼　汤　劲　杨　成
杨文治　李　成　李　伟　李艳萍　肖素华　谷利成
邹群峰　张　琳　张志刚　张翠英　陈承欢　陈斌蓉
罗　伟　罗　奕　周文军　周　虹　郑　伟　段树华
贺静波　莫　坚　高　峰　唐志勇　陶　艳　黄刘婷
曹雄彬　彭　勇　臧晓菁　熊　昇

# 序 言

## Foreword

　　"参天之木，必有其根；怀山之水，必有其源。"湖南铁道职业技术学院创办于 1951 年，它因铁路而成立，伴铁路而成长，随铁路而成名，被誉为轨道交通行业的"黄埔军校"，办学水平位列全国职业教育第一方阵。70 余年来，学校秉承"明德、弘毅、博学、笃行"的校训，深耕于轨道交通装备制造全产业链，形成了覆盖高铁、普铁、地铁等轨道交通装备制造、运用、控制与管理产业链的专业群，培养出一大批具有"家国情怀、宽广视野、阳光心态、火车头精神"的湖南铁道职业技术学院特质的学子。据不完全统计，毕业生中成长为"全国劳模"、中国中车"高铁工匠"及全国、全路技术能手等的人数达 127 人。

　　"于高山之巅，方见大河奔涌；于群峰之上，便觉长风浩荡。"2019 年 12 月，学校迎来了高质量发展的高光时刻：学校凭借高水平的办学成果和高质量的人才培养体系成功入选"中国特色高水平高职学校和专业建设计划建设单位"（即"双高计划"建设单位）。近年来，学校坚持以习近平新时代中国特色社会主义思想为指导，全面贯彻落实党的教育方针，围绕立德树人根本任务，与新时代职业教育发展同向，与轨道交通装备产业同行，与湖南省及株洲市经济发展同频，深化综合改革，加强发展内涵建设，推动职普融通、产教融合、科教融汇，全面凸显职业教育类型特征，聚焦国家"双高计划""一个加强、四个打造、五个提升"的建设任务，"对标对表"、提质培优、"创新创高"，构建了以"厚基础、重复合、强素养"为目标导向的人才培养体系，致力于为轨道交通行业和地方培养基础扎实、德技并修的发展型、复合型、创新型的国际化高素质技术技能人才，在 2022 年国家"双高计划"建设中期绩效评价中获得"优秀"。近年来，学校产出了 4 个全国党建工作标杆院系/样板支部、6 项国家级教学成果奖/全国优秀教材奖、2 个国家级职业教育专业教学资源库、7 门国家精品课程、3 支全国高校黄大年式教师团队/国家级职业教育教师教学创新团队、4 个国家示范性职业教育集团等全国性产教融合平台、3 个国家级职业教育教师培训基地等一大批标志性成果和多个具有示范性、引领性的现代职业教育发展范式。2023 年学校成为首个国家重大行业产教融合共同体——"国家轨道交通装备行业产教融合共同体"副理事长单位、职业院校牵头单位和全国首批 28 个国家级市域（株洲市）产教联合体牵头学校，成为教育部首批试点的先进轨道交通装备重点领域职业教育专业课程改革牵头学校，展现了学校在引领改革、支撑发展方面的重要贡献。

为进一步总结"双高计划"建设经验，学校成立了"双高计划"建设成果编撰工作委员会，组织专门力量整理、编写了湖南铁道职业技术学院国家"双高计划"建设成果系列丛书，旨在从党建思政、教育教学、双师队伍、产教融合、现代治理、教育数字化等方面进行全方位总结，进一步提炼学校办学特色、模式、机制，巩固教育教学改革成果，全面彰显学校"双高计划"建设的"高""强""特"的建设成效。

感谢一直以来关心和支持学校发展的各级领导和各界朋友，致敬在学校"双高计划"建设过程中担当作为、无私奉献的广大师生员工。谨以此序，为学校的首轮"双高计划"建设画上圆满的句号，同时，吹响下一轮"双高计划"建设提质进位的号角。

2023 年 12 月

# 前　言

## Preface

　　在当前社会经济快速发展和产业结构不断升级的背景下，社会对高等职业教育的要求日益提高。高职院校作为培养高素质技术技能人才的重要基地，肩负着满足社会需求、促进学生全面发展的双重使命。然而，传统的教学模式和育人机制已难以适应新形势下人才培养的复杂性与多样性。因此，探索创新教育模式成为高职教育改革的关键。本书旨在深入探讨"岗课赛证"综合育人模式在高职院校中的应用及效果，以期为高等职业教育的改革与发展提供理论支持和实践指导。

　　"岗课赛证"综合育人模式是一种将岗位技能要求、课程教学、职业技能竞赛及职业资格证书紧密结合的育人新模式。这一模式强调理论与实践的无缝对接，通过模拟或进入真实的工作环境，让学生在学习过程中就能接触到行业前沿，实现学以致用。同时，通过参与职业技能竞赛，学生能够在竞争中提升自身的专业技能和团队合作能力，而职业资格证书的获取则是对学生专业能力的认证，有助于提高其就业竞争力。

　　本书首先回顾了"岗课赛证"综合育人的历史演进，分析了当前"岗课赛证"综合育人面临的挑战与机遇；随后，深入探讨了"岗课赛证"综合育人的内在逻辑、价值指向、融合过程及融合成果，为后续的实践研究奠定坚实的理论基础。在此基础上，详细阐述了"岗课赛证"模式的具体实施策略。为了验证"岗课赛证"模式的实际效果，本书还进行了计算机类专业、制造类专业案例研究，通过对实施"岗课赛证"模式的过程和成效进行深入分析，揭示了该模式在提升学生职业技能、促进学生全面发展等方面的积极作用。

综上所述，本书不仅系统地分析了"岗课赛证"综合育人模式的理论基础和实践路径，还通过实证研究展示了该模式在高职院校中的实际应用效果，对于推动高职教育改革、提高人才培养质量具有重要的参考价值。希望本书能够为高职教育工作者提供有益的启示，为高职院校的教育实践和政策制定提供科学的参考，最终为培养适应社会发展需求的高素质技术技能人才贡献力量。

在撰写本书的过程中，笔者深感"岗课赛证"综合育人模式研究是一个复杂而系统的工程，涉及教育学、心理学、管理学等多个学科领域。由于时间和能力的限制，本书难免存在疏漏和不足之处，恳请各位同行和读者不吝赐教，共同推动高职教育领域的学术研究和实践探索。在此，对所有在研究过程中给予我帮助和支持的个人表示衷心的感谢，特别是参与案例研究和实践的同仁们，没有他们的真诚合作和宝贵经验分享，本专著的研究工作将无法顺利完成，在此一并表示感谢。

# 目 录

Contents

# 第一章

# "岗课赛证"综合育人的历史演进

"岗课赛证"即工作岗位、课程体系、职业技能大赛、职业技能等级证书。"岗课赛证"综合育人模式是一种将岗位实践、课程学习、竞赛活动和职业资格证书培训相结合的教育模式。它旨在通过多元化的教育手段，培养学生的专业技能、创新能力和综合素质，为社会输送高素质的技术技能型人才。"岗课赛证"综合育人模式的历史演进是一个复杂而丰富的过程，它涉及职业技能等级制度、全国职业院校技能竞赛、1+X 证书制度等多个方面的概念与实践。对此，本章拟从以下几个方面进行详细阐述。

## 第一节　"岗课赛证"综合育人理念发展脉络概述

1."岗课赛证"综合育人理念的历史演进

"岗课赛证"综合育人理念的历史演进可以分为以下几个阶段：

（1）起源阶段。在 20 世纪初，随着工业革命的发展，各国对技术技能型人才的需求逐渐增加。为了适应这一需求，一些国家开始尝试将实践教学与理论教学相结合，形成了早期的"岗课"综合育人模式，德国的双元制职业教育体系就是这一阶段的代表。

（2）发展阶段。在 20 世纪中后期，随着科技的进步和经济的快速发展，社会对技术技能型人才的需求进一步增加。各国纷纷加大对职业教育的投入，推动"岗课赛证"综合育人模式的发展。在这一阶段，许多国家开始将竞赛活动和职业资格证书培训纳入教育体系，以提高学生的实践能力和就业竞争力。其中，美国的社区学院和技术学院、中国的高职院校等都是这一阶段的代表。

（3）成熟阶段。在21世纪初，随着全球化的推进和知识经济的到来，社会对技术技能型人才的需求更加多样化和个性化。各国开始探索更加灵活和多元的"岗课赛证"综合育人模式，以适应不断变化的社会需求。在这一阶段，许多国家开始尝试将在线教育、虚拟实训等新型教育手段融入"岗课赛证"综合育人模式，以提高教育效果和效率。其中，新加坡的技能未来计划、中国的现代职业教育体系建设等都是这一阶段的代表。

2.我国的"岗课赛证"综合育人理念的发展历程

我国的"岗课赛证"综合育人理念经历了一系列发展过程。具体来看，这一模式的演进可以分为以下几个阶段。

（1）理念提出与初步实践阶段。早期，随着职业教育的发展，人们开始意识到单一的教学模式无法满足社会对技术技能型人才的需求。因此，相关学者提出了将工作岗位、课程体系、技能竞赛和职业证书相结合的教育理念，即"岗课赛证"综合育人模式。这一模式旨在通过实践活动与理论学习的紧密结合，培养具备实际工作能力的技术技能型人才。

（2）模式探索与逐步完善阶段。在实践过程中，教育工作者逐渐认识到，要想提高教育的质量和效果，就需要对"岗课赛证"综合育人模式进行不断的探索和完善。这包括根据生产实际和岗位需求设计开发课程，开发模块化、系统化的实训课程体系，以及深入实施职业技能等级证书制度等措施。

（3）理念重塑与标准引领阶段。随着新时代的到来，人们对职业教育的质量有了更高的要求。高职院校开始组织专门会议和活动，强化教师对"岗课赛证"综合育人内涵的理解，确保这一理念深入人心。同时，加强标准的引领作用，为"岗课赛证"综合育人模式的实施提供基础性、引领性的技术支持。

（4）系统化推进与路径探索阶段。高职院校全面推进"岗课赛证"综合育人,努力提高育训课程目标内容的兼容性,打造有利于学习者职业发展的平台。这需要系统地做好宣传教育工作,关注学生的个体差异,以及完善相关的管理和监管机制。

总的来说,我国的"岗课赛证"综合育人模式是在长期的教育实践中逐步形成和完善的,它体现了我国职业教育改革的方向,即更加注重实践能力的培养和个性化发展,以适应经济和社会发展的需要。

## 第二节 职业技能等级制度为"岗课赛证"综合育人提供了重要的制度基础

新中国成立以来,我国技能人才职业技能等级制度先后经历了"八级工"—"三级工"—"五级工"—"六级工"—新的"八级工"的阶段发展。

### 一、"八级工"阶段

我国职业技能等级制度源于技能薪酬制。20 世纪五六十年代国营企业广泛实施八级工制度,即八级工资制。八级工资制是在我国企业工人中实行的一种工资等级制度,按照生产劳动的复杂程度和技术的熟练程度,将工资分为八个等级。1950 年,东北人民政府发布《关于调整公营产业工人、技术人员工薪及改行八级工资制的指示》,实行八级工资制。1951 年,东北又将工资标准改为五类产业,此后工资标准、产业分类曾有多次调整,而八级工资涉及的等级制度没有根本改变。1952 年开始,在东北地区乃至全国,工资管理工作移交劳动部门负责。1956 年,国务院全体会议第 32 次会议通过的《关于工资改革的决定》指出:"为了使工人的工资等级制度更加合理,各产业部门必须根据实际情况制定和修订工人的技术等级标准,严格地按照技术等级标准进行考工升级,使升级成为一种正常的制度。"

八级工资制的产生和实行有其历史必然性和合理性。八级工资制在1956 年正式建立并实行,现今在相当一部分老工人的档案工资中还有记载,这些记载显示了它的生命力,充分说明了它当时存在的合理性。

八级工资制实行初期，运行比较正常。一是工资水平确定得比较恰当，符合当时国家经济发展水平（较低的物价水平）、生产状况（重点建设重工业）和人民的长远利益。二是较好地体现了按劳分配的原则，较好地调动了工人队伍的劳动热情，在技术水平、劳动对象、劳动强度等方面都作出明确、差异化的具体要求，体现了不同技术水平工人之间的工资差别。三是兼顾公平，适当考虑了工人、企业职员和国家机关干部的工资关系。但是，此后由于各种原因，在执行八级工资制的过程中出现了不少偏差，技术等级已无法真实反映技能和贡献，逐渐不能适应发展需要。

## 二、"三级工"阶段

党的十一届三中全会以来，按劳分配的社会主义分配原则得到确认。1981年实行企业奖金提留随盈利额浮动。1984年实行奖金不封顶、超额征收奖金税的办法。1985年，国务院发出《关于国营企业工资改革问题的通知》，同年，中共中央、国务院下发《关于国家机关和事业单位工作人员工资制度改革问题的通知》，要求在机关、事业单位实行以职务工资为主的结构工资制，在企业实行工资总额与经济效益挂钩的办法。自此，我国在一部分国营大中型企业试行职工工资总额同企业经济效益按比例浮动的办法，各企业不统一实行八级工资制，而是根据实际情况确定自己所实行的工资制度。

与此同时，由于多年来对职工教育工作的放松，职工队伍水平远远不能适应现代化建设的要求。特别是大批知青返城和农村转移劳动力涌入企业，其基本技术知识和基本操作技能较缺乏，以致产品质量下降，各种事故不断。为此，1981年，中共中央、国务院下发《关于加强职工教育工作的决定》，要求对青壮年职工进行政治思想教育和文化、技术补课（即"双补"教育）。

鉴于八级工制度下工人技术等级标准中的专业理论知识和技能水平的差距难以有效区分，不利于大规模开展培训，为便于培训特别是理论知识培训工作开展，原机械工业部于1981年率先进行探索实践，将八级工制度中的1~3级工定为初级工，4~6级工定为中级工，7~8级工定为高级工，从而形成初、中、高三级技术工人培训等级，并与普及初中文化教育一起成为"双补教育",此后在全国各行业普遍推广。

从 1988 年开始,原劳动部在广泛调查和充分论证基础上,组织国务院45 个行业主管部门进行了第三次技术等级标准修订工作,初步解决了部门间工种交叉重复的问题,将近万个工种合并为 4700 多个,并颁布了我国首部《中华人民共和国工种分类目录》,简化了等级结构,将传统的八级工制度改造为初、中、高三级工制度。

### 三、"五级工"阶段

为进一步提高技术工人技能水平,我国在高级技工等级中先后设置了技师、高级技师技术职务。1987 年,原劳动人事部在调查研究基础上制定了《关于实行技师聘任制的暂行规定》,经国务院批准颁布实施,并在全国范围内组织技师评聘试点工作。1989 年,原劳动部进行了高级技师评聘试点,并于 1990 年正式印发《关于高级技师评聘的实施意见》,规定技师、高级技师的考核办法、津贴标准及有关福利待遇。

1990 年,经国务院批准,原劳动部颁布实施《工人考核条例》。该条例的颁布和施行,标志着我国基本形成了工人考核制度,确立了初级工、中级工、高级工、技师和高级技师 5 个等级的技术工人考核体系,为实现职业技能鉴定社会化管理和推行国家职业资格证书制度奠定了坚实的基础。

党的十四大以来,经济体制面临从传统的计划经济体制向社会主义市场经济体制转变的历史性变革,我国的职业资格制度也发生了重大转轨。《中共中央关于建立社会主义市场经济体制若干问题的决定》指出:"要制订各种职业的资格标准和录用标准,实行学历文凭和职业资格两种证书制度。"1993 年,原劳动部颁布《职业技能鉴定规定》,对技能人员开展社会化职业资格鉴定工作。1994 年,原劳动部、原人事部印发《关于颁发〈职业资格证书规定〉的通知》,由两部门分别负责技能人员和专业技术人员的职业资格鉴定评价和证书核发工作。1995 年实施的《中华人民共和国劳动法》第六十九条规定:"国家确定职业分类,对规定的职业制定职业技能标准,实行职业资格证书制度,由经过政府批准的考核鉴定机构负责对劳动者实施职业技能考核鉴定。"1999 年 5 月，原劳动和社会保障部、原国家质量技术监督局和国家统计局三部门联合颁布了《中华人民共和国职业分类大典》。这一时期，我国完善了职业技能鉴定的政策和法规体系，确定了国家职业分类并开始制定新的国家职业标准，建立了职业技能鉴定的组织实施和技术支持体系，完善了职业技能鉴定的质量管理体系，使我国的"五级工"国家职业资格制度得以确立并不断发展。

### 四、"六级工"阶段

2013 年以来，我国按照国务院推进"放管服"改革部署，取消七批职业资格许可和认定事项，占职业资格总数的 70% 以上。2017 年，经国务院同意，人社部向社会公布国家职业资格目录，对职业资格实行清单式管理。此后，技能人员水平评价类职业资格分批退出国家职业资格目录，由政府认定改为实行社会化等级认定。

随着职业资格改革深入推进，技能人员职业资格数量大幅减少，技能人才评价缺失，企业和劳动者反映没有相应的职业能力证明，影响企业选人用人，以及劳动者求职就业和成长成才，亟须深化改革。

2019 年，人社部印发《关于改革完善技能人才评价制度的意见》，提出建立健全以职业资格评价、职业技能等级认定和专项职业能力考核等为主要内容的技能人才评价制度，健全完善技能人才评价体系，形成科学化、社会化、多元化的技能人才评价机制。

目前，技能人才评价改革正在有序推进，且取得了明显成效。但也要看到，现有"五级工"技能等级划分模式已不能适应新时代高质量发展需要。在职业资历框架制度体系尚未建立完善的情况下，原有制度框架已落后于经济社会发展，高技能人才在纵向晋升上存在着"天花板"问题。根据 2018 年中办、国办印发的《关于提高技术工人待遇的意见》和 2019 年人社部发布的《关于改革完善技能人才评价制度的意见》等有关要求，2021 年人社部在总结地方和企业实践基础上，组织开展特级技师评聘试点工作，在高级技师之上增加特级技师(岗位)技术职务，这标志着我国进入"六级工"时代。

### 五、新的"八级工"阶段

2022年，人社部在总结特级技师评聘试点经验基础上制定出台了《关于健全完善新时代技能人才职业技能等级制度的意见(试行)》，其主要内容如下。一是拓展职业技能等级(岗位)序列。在初级工、中级工、高级工、技师、高级技师5个职业技能等级基础上，向上增设特级技师、首席技师技术职务(岗位)，向下补设学徒工，形成新的"八级工"职业技能等级(岗位)序列，打破技能人才成长"天花板"。二是促进职业技能等级认定结果与人才的培养、使用、待遇更好地结合。引导用人单位对高技能人才探索实行项目工资、岗位分红、专项特殊奖励、技术创新成果入股等激励办法。明确高级工以上的高技能人才比照相应层级专业技术人员享受同等待遇；对取得特级技师的人员，比照正高级职称人员享受同等待遇；对首席技师可参照本单位高级管理人员确定薪酬待遇。三是完善职业技能等级制度内涵。建立与国家职业资格制度相衔接、与终身职业技能培训制度相适应，并与使用相结合、与待遇相匹配的新时代技能人才职业技能等级制度。这不仅是技能人才评价制度，更是兼顾技能人才培训、使用、待遇等的制度体系。

## 第三节 1+X证书制度进一步丰富了"岗课赛证"综合育人机制的内涵

1+X证书制度是一种新型的职业教育培训体系，旨在实现学历教育与职业技能培训的有机结合，提高毕业生的就业竞争力。该制度的核心是推行"学历证书+若干职业技能等级证书"，即学生在完成学业的同时，还可以获得一系列职业技能证书，为求职和职业发展增加筹码。这种制度有助于提高学生的综合素质，使他们更加适应经济和社会发展的需求。

### 一、1+X证书制度内涵

1+X证书制度是职业教育中一种新的人才评价模式，也是职业教育深化改革中推进人才评价模式改革的一种制度设计，对于专业人才培养提出了新要求。"1"是指学生通过接受学历教育所获得的毕业证书，"X"是指与学生所学专业相关的职业技能等级证书，通过学习成果转换认定，学生可以在获得学历证书的同时取得相关的职业技能等级证书。为促进学历教育与职业培训高效衔接，"书证融通"是推行1+X证书制度的关键，而"课证融通"是实现"书证融通"的基础（"课"即所学专业的课程；"证"即职业技能等级证书）。"课证融通"是指专业人才培养的课程内容与职业技能要求相融通。"岗课赛证"融通，就是要深化教学标准与岗位标准、教学过程与生产过程的对接。其中，"岗"是课程学习的标准，课程内容设置要瞄准岗位需求；"课"是教学改革的核心，要通过课程改革，推动"课堂革命"；"赛"是课程教学的高端展示；"证"是课程学习的行业检验。

1+X证书制度中的"1"与"X"存在三种关系：第一种是相互融合，第二种是相互置换，第三种是相互补充。1+X证书制度具有创新性、合法性和有效性三大特点。一是创新性，体现在"1+X"的价值选择上。1+X证书制度作为我国职业教育改革的"新"制度，既体现创新性，也体现开放性。"X"证书根据不同等级进行细分是对新时代人才培养提出更高的要求，也体现了职前教育和职后培训一体化贯通的思想。二是合法性。1+X证书制度能够契合类型教育。职业教育和普通教育本身是两种不同类型的教育，两者之间虽然具有一定的差异性，但在我国的教育体系中是同等重要的。1+X证书制度是与时俱进的产物，是实现认知与技能融通的人才评价制度，能够契合职业教育的类型教育特色。三是有效性。2019年2月，国家"启动1+X证书制度试点工作"以加强职校学生的就业能力与创业能力。试点工作的开展不但能够推进学历教育与职业技能培训并重，而且开启了职业教育改革发展的新局面。在"课证融通"目标方面，呼吁政策以专业纲领性文件为起点，人才培养目标以岗位为导向，课程调整以工作过程系统化为核心；在"课证融通"实施方面，制定与岗位能力需求相适应的课程标准，明确中、高、本三阶段课程的衔接内容，构建利益相关主体的教学问责反馈机制；在"课证融通"评价方面，完善"岗课赛证"成果的认定转换，职业技能鉴定与培养规格互通互融。

从关系上看,1+X 证书制度与"岗课赛证"综合育人模式是相辅相成的。一方面,1+X 证书制度为"岗课赛证"综合育人提供了制度保障和认证体系,使得职业教育的人才培养更具针对性和实效性。通过获得 1+X 证书,学生不仅能够证明自己在某一职业技能领域的专业能力,还能够展示跨学科知识和能力,从而增强就业竞争力和职业发展潜力。另一方面,"岗课赛证"综合育人模式则为 1+X 证书制度的实施提供了有效的实践途径和载体。通过岗位实践、课程教学、技能竞赛和职业资格证书的获取,学生能够在实践中学习和掌握职业技能和跨学科知识,实现知识的内化和能力的提升。这种模式有助于推动 1+X 证书制度在职业教育中的广泛应用和深入发展。

因此,1+X 证书制度与"岗课赛证"综合育人模式之间的关系是相互促进、共同发展的,它们共同构成了职业教育中人才培养的重要体系,为培养高素质技术技能人才提供了有力的制度保障和实践途径。

### 二、1+X 证书制度相关的重要政策法规

为提升职业教育的人才培养质量,促进学历证书与职业技能等级证书的有机衔接,我国制定了一系列旨在贯彻落实 1+X 证书制度的政策法规,具体见表 1-1。

表 1-1  1+X 证书制度相关政策法规

| 时间 | 名称 | 主要内容 |
|---|---|---|
| 2019 年 4 月 4 日 | 《关于在院校实施"学历证书+若干职业技能等级证书"制度试点方案》 | 这是 1+X 证书制度的最初实施方案,由教育部、国家发展改革委、财政部、市场监管总局联合发布,详细阐述了制度的目标、原则、实施主体、证书标准、管理与监督等方面的内容,为后续的试点工作提供了指导 |
| 2019 年 11 月 9 日 | 《关于推进 1+X 证书制度试点工作的指导意见》 | 该文件由教育部办公厅、国家发展改革委办公厅、财政部办公厅联合发布,进一步明确了试点工作的具体要求和措施,包括加强组织领导、完善证书体系、强化培训资源建设、推动产教融合等方面的内容 |

**续表1-1**

| 时间 | 名称 | 主要内容 |
|---|---|---|
| 2020年8月24日 | 《关于落实在院校实施的职业技能等级证书考核成本上限设置方案及相关说明的通知》 | 该文件主要关注职业技能等级证书的考核成本问题，提出了成本上限设置方案及其说明，以指导各地合理核定考核费用标准，确保试点工作的顺利进行 |
| 2020年8月24日 | 《教育部办公厅等四部门关于进一步做好在院校实施1+X证书制度试点有关经费使用管理工作的通知》 | 这份通知主要关注试点工作的经费使用和管理，提出了相关要求和规范，以确保试点工作的顺利进行和经费的有效利用 |

## 第四节　全国职业院校技能竞赛为"岗课赛证"综合育人机制提供了实践平台

全国职业院校技能竞赛是展示职业教育成果、推动职业教育发展的重要平台。自技能竞赛创办以来，其规模和水平逐年提升，参赛学生和赛项数量不断增加，影响力也日益扩大。全国职业院校技能竞赛的发展对"岗课赛证"综合育人机制起到了重要的推动作用。一方面，竞赛为学生提供了展示技能、切磋技艺的平台，激发了他们的学习热情和积极性；另一方面，竞赛也促进了学校与企业、行业之间的合作与交流，使得职业教育更加贴近市场需求和产业发展。

### 一、全国职业院校技能竞赛发展沿革

我国政府对职业教育功能和性质的认识是客观准确的，"职业教育作为现代国民教育体系的重要组成部分，是面向人人、面向全社会的教育，对促进就业、繁荣经济、消除贫困、保障公平和社会和谐具有重要意义"。国家产业结构转型，企业产品升级换代，都离不开技能人才群体的智慧与劳作，没有技能人才的精细操作，再先进的新技术新发明也难以转化为有竞争力的物

质产品。现阶段,国内经济发展和产业结构转型升级面临严峻挑战,企业用工由劳动密集型向技术密集型转变,迫切需要大批高技能人才,高技能人才短缺制约着国家技术创新和经济社会发展。如今高职院校数量已占到高校总量的一半,促进了高等教育大众化,也培养了一大批技术技能型人才,但在实现"中国制造"向"中国创造"转变过程中,突出问题依然是人才培养质量问题,高技能人才严重匮乏。

在技能型人才培养从追求数量增长向寻求质量提升转变阶段,政府尤其期望能以技能竞赛制度倒逼职业学校深入改革,提高职业院校教育教学质量,国内职业院校技能竞赛也因此进入"井喷"高速发展期。国家人社部与教育部开始分别主办职业技能竞赛,前者最初举办针对技工学校的技能竞赛和专项赛事(如数控大赛),2010年后将技能竞赛重点转向国际技能竞赛,代表了中国技能竞赛的最高水准;后者则面向学历教育的职业院校,创办"全国职业院校技能大赛",形成国内职业技能竞赛的品牌效应,为国家经济结构转型政策的落实担负起相应的教育责任。

全国职业院校技能大赛每年举办一届,是教育部发起并牵头,联合国务院其他有关部门及有关行业组织、人民团体、学术团体和地方共同举办的一项公益性、全国性职业院校师生综合技能竞赛活动。其自2008年开始举办以来,已经成为规模最大、覆盖面最广、影响力最强的全国性、综合性职业院校技能赛事。

职业院校技能竞赛是在职业教育现代化进程中,以技能竞技形式出现的一种评价和提升职业院校办学质量,改变社会公众技能价值观念的新的教育制度设计,力图将职业院校与行业企业紧密联系,以促进职业教育现代化改革,从而改善职业教育社会认同度不高、长期处于弱势地位的困难处境,尤其受到政府部门的高度重视和极力推崇。职业技能竞赛制度也是一种教育资源配置方式,是制度利益各方在规则下进行利益博弈与分配的过程,其制度变迁不仅受制于经济、政治、文化等外部因素,还与制度的设计者和执行者相关联,具有"内生性"一面,是各方制度参与者利益诉求博弈、理性抉择的结果,是自下而上和自上而下相互影响、谈判妥协的结果。

## 二、2022 年《全国职业院校技能大赛章程》的修订

为推进全国职业院校技能大赛规范化建设，提高专业化水平，确保大赛规范、公平、优质、高效、廉洁，全国职业院校技能大赛组委会研究修订了《全国职业院校技能大赛章程》，2021 年 11 月由教育部等 35 部门联合印发。

此次修订明确，大赛建立学校、省级、国家三级竞赛体系。国赛选手须来自省赛，形成"校有比赛、省有竞赛、国有大赛"的职业院校技能竞赛体系。大赛分为中等职业学校和高等职业学校(含专科、本科层次)两个组别，高职组别中新增了本科层次。

此次修订还明确了大赛实行赛区制，比赛相对集中举办，改变了以往主赛区和分赛区的赛制，取消了"天津市是大赛的主赛区"的规定。2019 年之前，天津一直作为大赛主赛区；2020 年全国职业院校技能大赛改革试点赛的 40 个赛项全部在山东举办；2021 年大赛有 102 个赛项，其中山东承办 50 个，其他 26 个省份承办 52 个赛项。

在赛项承办上，新修订的章程规定除职业院校单独承办之外，新增城市承办和校企联办，并对赛项合作企业遴选原则和职责作了规定。其要求合作企业遴选遵循公开、公平、公正原则，满足意向承办赛项技术方案要求；同一合作企业参与申请承办的年度赛项不超过 2 项；同一合作企业申办同一赛项联合申请承办的学校不超过 2 所；合作企业须重视职业教育、资信状况良好、社会声誉良好，且无违法违规记录等。

在参赛选手条件上，新修订的章程鼓励高职大龄学生、国际学生、符合条件的国际选手参赛，取消了高职选手不超过 25 周岁、中职选手不超过 21 周岁的规定。同时，比赛可根据需要选择合适赛项接纳社会公众观摩体验，促进全社会形成学习和崇尚技能的良好氛围。

新修订的章程规定，大赛坚持公益性。任何组织不得以竞赛名义营利，不得以任何名目向参赛选手和学校收取参赛费用，禁止命题专家以辅导培训名义向参赛选手和学校收取费用，禁止企业以支持办赛名义向参赛选手和学校收取费用。

第二章

# "岗课赛证"综合育人的内在逻辑

"岗课赛证"融通是对职业教育长期教学实践的"回溯"以及对产业快速发展的再适应。"岗"是课程学习的标准，课程内容设置要瞄准岗位需求；"课"是教学改革的核心，要通过课程改革，推动"课堂革命"；"赛"是课程教学的高端展示；"证"是课程学习的行业检验。"岗课赛证"融通，就是要深化教学标准与岗位标准、教学过程与生产过程的对接。

## 第一节 "岗"是课程教学的基础

岗位能力标准是高职院校专业课程改革的核心依据。要想实施"岗课赛证"融通的高技能人才培养，首先就要牢牢抓住企业岗位能力这一核心要素，以"岗"促教，以"岗"促改，构建新的实践教学机制。

### 一、以岗位标准为基础，追溯课程教学起源

依据行业企业岗位标准，建立专业课程标准。高职院校推进"岗课"融通，需要与行业、企业保持密切的联系与沟通，围绕产业发展和市场需求共同开展调研，发挥行业组织的专业指导和桥梁作用，设立"校—行—企"共同参与的课程开发委员会。在课程开发委员会的指导下，职业院校要树立科学的课程开发理念，合理规划专业课程的建设方案，围绕企业岗位的能力要求设计课程教学目标，依据企业岗位的技术技能需求设置课程教学内容，按照"工学结合、学做一体"的原则安排和组织教学。同时，职业院校要通过对历

届毕业生就业情况的追踪调查，明确学校各专业毕业生的主要就业方向和就业岗位，据此确定专业基础课、专业核心课、专业拓展课的课程结构和课时比重，使专业课程标准与企业岗位标准全面对接。

职业院校在专业教学过程中要以岗位能力培养为主线，创新专业课程教学模式。一方面，在教学组织形式上，高职院校要牢牢把握岗位胜任能力这一中心点，以专业核心课程为主体，大力推广在岗教学、模拟教学、案例教学、项目教学等充分体现"工学结合、学做一体"原则的教学方法，提升专业课程教学的实践性和有效性，确保"岗""课"融通得到有效落实。另一方面，在实训教学体系建设上，职业院校应以岗位工作流程与典型工作任务实训为切入点，优化实训教学体系，创新实训教学模式，着力提升生产性实训在专业课程教学体系中的比重，建立"基础技能训练→单岗技能训练→全岗综合实训"的分层递进式岗位能力仿真实训教学体系，促进学生专业学习与在岗实训的有机统一与高度融合，实现教学过程职业化、教学内容实践化、教学模式综合化。

校企合作和产教融合是高职院校的重要特征，现代学徒制是校企合作的深度体现，但企业和学校在培养学生的侧重点方面也有本质不同。企业注重技能实践，培养过程中关注学生的实操能力和水平的提高；学校注重育人，通过校园环境及课程教学引导学生全面发展。在校企合作过程中双方各自抓住侧重点，才能培养出既具备铁道专业的技术技能，又具备综合素质和通用能力的复合型人才，最终使得毕业生能够对接用人单位的岗位需求。学校和企业高效合作，才能让人才的供求关系达到相对平衡的状态，这要求高职院校在人才培养的育人模式方面不断探索和突破，在合作过程中也要不断地调整策略和方法。

"岗"是学校和企业共同关注的问题，学校要根据岗位培养人才，企业根据岗位招聘到合适的人才，对此可采用引岗入课和引课入岗两种方式。一方面，在高职铁道专业人才培养方案中，专业核心课程中包含实践性教学环节，通常包括综合实训、毕业设计、顶岗实习等部分，这些部分要求学校和企业深度合作，让学生走出校园，进入企业真正感受岗位及职场的环境，做到引岗入课。另一方面，对应岗位的核心工作能力，学校可在专业基础课程和专业核心课程中打好课程基础，做好引课入岗。

### 二、以岗位实际情况为导向，精准设置课程教学内容

高职院校要立足人才市场需求的实际情况，对用人单位各个职业岗位所需的知识、技能进行调研，将其与高职院校开设的各个专业对应起来，合理设置各个专业所需要开设的课程。在课程具体内容设置的方面，要以能力培养为导向，注重课程内容的实用性，设置的原则是实用、够用、应用，使学生毕业即能上岗，上岗即能操作，内容要理论与实际相结合，不用太深奥，不要理论性太强，关键是实用性要强，要浅显易懂，是针对某个职业岗位的知识和技能，学生学完就能应用，在工作中比较常用，有助于提高工作的效率。同时，通过对某个职业岗位所需学习的课程进行整合，根据"岗、课、赛、证"四项融通的要求，构建精准对接岗位的课程体系。课程体系要具有模块化、递进式的特点，构建柔性模块化的课程体系。高职院校与合作的企业要加强沟通交流，立足岗位的知识和技能需求，共同开发针对性的专业课程、制定核心课程标准，校企联合，共同讲授专业核心课程，加强学生对理论知识与工作实际的联系，并与时俱进，根据行业的最新发展，动态更新开设的课程内容，使其保持先进性、科学性、实用性。这种能力培养导向的课程内容，有助于培养高素质、创新型的专业人才。

### 三、岗课交融，彰显岗位实际需求

高职院校开设的课程是为了匹配企业的岗位，企业的岗位工作是学生对所学习的知识和技能的应用，课岗结合、交融，成为一体，才能彰显岗位的实际需求。对此，学校与专业对口的企业，应该积极、深入地进行校企合作。企业为高职院校学生提供知识、进行技能实践的平台，高职院校为企业培养、输送其所需岗位的专业技能人才，两者的合作是双赢的合作。以能力培养为导向，为提高专业学生的实际应用能力，可聘请合作企业的专家、工程师等专业资深人员，为学生进行实训知识的讲解，以及实训技能的传授，让

学生在实训的过程中，了解用人单位岗位对人才的知识、技能等方面的真正需求，让学生做到心中有数，在平时的学习中加强这方面能力的实践训练，提高学生与用人单位岗位的匹配度，使学生的能力精准对接用人单位岗位的需求，以实现毕业即可就业，提高学生的就业率，还能为企业节省岗前培训的支出，降低企业的人力成本，获得企业的认可。同时，积极引进一些优质产教融合项目，建设特色产业学院，高度对接企业的需求，通过岗位锻炼、专家教学、师徒传授等多形式的人才培养环节，让学生逐渐成长为高素质、创新型的人才。

## 第二节 "课"是课程教学的核心

"课"是高职教育教学的基础单元，具有鲜明的能力本位特色，其目标是引导学生建构起适应未来岗位发展变化的综合职业能力。从能力的构成内容出发，职业能力可划分为专业能力、方法能力和社会能力。其中，专业能力反映在课程中即是学生运用专业知识和技能独立完成岗位任务、解决问题和评价反思的能力，具有鲜明的职业特色；方法能力和社会能力不分职业，可以通用，并可在日后的职业变更中进行迁移，它与专业能力无直接联系，却能赋予学生日后长远发展的动力。职业能力必须在工作过程中培养生成，需要依托岗位具体的工作任务，与之相适应就是不同于学科教育的教师、教材、教法的改革，以岗定课、依岗建课、适岗授课。首先，要基于岗位研究分析典型的工作任务，确定课程体系。其次，要提炼形成结构完整、要素全面和符合成长规律的学习领域或课程单元，再利用项目化教学、案例教学等行动导向的学习情境帮助学生构建职业能力。教法要真正体现"教学做一体化"；教师只是课堂的组织者、引导者、咨询者，而学生的中心地位突出，是参与者、评价者，师生平等交流、互动，真正调动学生学习的积极性、主动性；教材转向微课、短视频、在线开放课等线上教学资源，利用工作手册式、活页式工单、"岗课赛证"一体化教材开展翻转课堂混合式教学。

"课"是课程教学的核心，以"课"促改，构建新的"三教"改革机制，为学生综合职业能力的生成而改，而不是简单的任务、知识、技能、产品、服务等课程内容的整合。换言之，专业课程在职业教育教学活动中处于核心地位，是职业学校开展日常教学活动的关键载体。教师、教材、教法三大要素围绕专业课程形成教学体系。高职院校要基于"岗课赛证"融通构建新的"三教"体系，通过课程改革促进和深化"三教"改革。

**一、以课程改革为统领，构建协同创新的"三教"改革体系**

课程是以教师为引导、以学生为主体、以教材为载体、以教法为实现形式的教学单元，具有统领教师、教材、教法三要素的作用。高职院校开展"三教"改革，应注重专业课程开发建设的学科逻辑，树立专业核心课程建设的三优标准，即优秀教师、优质教材、优良教法，并以建设专业"金课"、名课为目标，统筹规划优秀教师培育、优质教材编选、优良教法创新三项工作，构建"三教"一体化改革创新机制。在构建协同创新的"三教"改革体系过程中，要鼓励一线教师主导实施教学方法创新，建立健全一线教师参与专业教材编写及选用的工作机制。通过编选优质教材、改良教学方法，鞭策教师自我提升，从而达到以课程改革推动"三教"协同创新的目的。

**二、以课程改革为依托，构建实践导向的"三教"改革体系**

在"岗课赛证"融通的高技能人才培养中，"岗、赛、证"三者与实践密不可分。"岗课赛证"融通的本质，就是以实践为导向重塑高职院校的课程教学体系，从根本上改变我国职业教育长期形成的"重理论、轻实践"的局面。高职院校实施"岗课赛证"融通，要准确把握其实践导向的本质，围绕实践开展教师培育、教材编选、教法创新等各项工作。在教师培育上，突出实践能力培养的重要性，着力丰富教师的实践经验，提升教师的实操技能；在教材编选上，增加实践知识的比重，以及与企业岗位实际工作任务、内容、标准和方法衔接；在教法创新上，重点关注实践教学方法和教学手段创新，借助新技术、新手段优化现有的教学。

### 三、以专业课程改革为抓手，积极推进"三教"改革

"岗课赛证"融通的专业课程体系具有多元性和多维性的特征。高职院校实施"岗课赛证"融通的高技能人才培养，需打破学科体系结构，聚焦职业教育的类型特征，为"三教"改革加持类型特色，赋予"三教"改革中的三要素新的时代意义和育人价值。

第一，依托课程改革，培育新型"双师"教师。实施"岗课赛证"融通的人才培养，对职业教育专业教师的学识、素养和能力都提出了更高要求。职业学校需要依托课程改革，建设一支新型的、适应"岗课赛证"融通的"双师"教师队伍。一是高职院校创新教师培育的制度和方法，积极派遣专业教师到优质高等院校观摩，学习职业技能大赛的办赛经验，并鼓励和支持专业教师参与职业技能大赛，使其有机会、有条件将职业技能大赛的相关标准和内容融入专业课程建设，拓展自身的学识视野和提升专业水平。二是高职院校建立校企人才交流互动机制，让教师与企业技术专家协同开展技术创新、课程开发、实践教学等工作成为常态，便于教师增长自身的实践经验和实操技能。

第二，立足课程改革，打造新型优质教材。"岗课赛证"融通既丰富了教材内容，同时也加大了高职院校编写新型优质教材的难度。一是高职院校深化校企合作，加强学校教材建设与企业的协同联动，对照企业岗位的工作内容、工作规范、工作标准开发活页式、工作手册式教材，并及时对常规专业教材内容进行更新，保障教材内容与企业岗位工作需求的高度匹配。二是高职院校加强与兄弟院校、行业组织、职业教育培训评价组织等主体的合作，及时将职业技能大赛比赛项目、职业技能等级证书考核中涵盖的技术技能内容融入专业教材，将新技术、新工艺、新标准、新方法融入教材中，增强教材的适用性、时效性。

第三，深化课程改革，创新课堂教学方法。基于"岗课赛证"融通的专业课程教学具有多元化、开放性的特点，需要专业教师构建更加灵活、更加现代、更加系统的教学方法。一方面，专业教师要以系统性思维科学地分析和组织教学内容模块，采用小组讨论、翻转课堂等灵活的教学方法。另一方

面,专业教师要积极利用现代信息技术改造课程教学形态,开发适于进行碎片化学习、线上线下混合教学的教学方法,突破时空限制,让学生能够随时随地学习课程内容,增强教学的灵活性、趣味性。

## 第三节 "赛"是课程教学的高端展示

"赛"是课程教学的高端展示,是课程教学成效的示范和标杆,职业院校应贯彻"以赛促学、以赛促教、以赛促改"的方式,将比赛内容转化为课程内容,把赛题拆成一个个的知识点、技能点,把比赛标准与规范内化于日常教学,使学生在学中练,在练中学,帮助学生更加高效、准确地意识到自身问题所在,力争潮头、奋勇前行。同时,职业教育要主动顺应制造产业的高端化、智能化、绿色化、融合化发展趋势,努力克服职业院校技能竞赛奖牌至上的功利思想,直面技能竞赛与教育教学融合不足等问题,实施职业教育"赛教融通"四维提质工程,充分发挥职业技能竞赛的杠杆效应,提升职业教育提质培优效能,更好服务"三高四新"战略定位和使命任务。

### 一、开展职业技能大赛,打造以赛促学的"赛教"生态

职业院校举办的职业技能大赛既是学生技能水平的比拼场、学校教学成果的检阅场,也是企业形象与企业品牌展示的平台。就职业教育人才培养而言,职业技能大赛既是"风向标",引领职业教育教学改革的方向,又是"撬杆",撬动职业教育教学模式的变革。职业院校实施"岗课赛证"综合育人模式时,应提高重视程度,强化资源倾斜,举办高水平的职业技能大赛,鼓励学生积极参与,大力推进以赛促学、以赛促教。

首先,举办多层次、高水平的职业技能大赛。职业教育实施"岗课赛证"综合育人时,应在国家级、地区级和校级等层次的职业技能大赛举办工作中同步发力,构建全面促进职业教育教学改革创新的多层次、高水平职业技能大赛赛事体系。在国家级赛事层面,我国已有两年一度的全国职业技能大赛,地区级和校级赛事体系尚不健全。为此,地方各级政府、教育行政部门

应充分发挥教育管理职能,建立由政府主导、教育行政部门牵头组织的职业教育技能大赛组委会,统筹协调技能大赛的筹备和运行工作,联合行业、企业、职业院校共同研究制订大赛方案和保障措施,形成多部门齐抓共管、协同联动的工作机制,促进地区级职业技能大赛的举办常态化。同时,各高职院校应深刻认识到职业技能大赛引领和推动教学改革的意义和作用,立足学校办学实际,针对在校学生的能力素质特征,与合作企业、兄弟院校共同举办校级职业技能大赛,鼓励学生积极参与,在大赛中促进学生专业素养和职业能力的提升。

其次,以赛促教,以赛促学。职业技能大赛不仅具有检验教学成果的作用,还是推动教师专业发展的重要途径。要想学生在各级职业技能大赛中取得好成绩,教师的指导至关重要。因此,职业院校通过积极举办职业技能大赛,鼓励学生积极参与职业技能大赛,并激励在职教师强化专业知识学习,重视实操技能训练,研究职业技能竞赛的比赛内容,了解行业发展动态、企业岗位对学生能力的具体要求等。为更好地指导学生,教师还需改进教学方法、及时更新教学内容,使教学时刻跟上行业发展步伐,以达到以赛促教的目的。同时,职业院校学生群体通过了解和参与各级职业技能大赛,能够更准确、更清晰地学习和了解所学专业领域的新技术、新工艺、新方法,切身感知行业发展和企业岗位对专业技术技能人才的能力素质要求,从而明确学习的方向和重点。在参加职业技能大赛的过程中,高职院校学生能够将平时学到的专业知识和技能应用到实际操作之中,不仅可以检验自身专业能力的真实水平,还可以发现自身知识能力结构的不足,有利于其在日后改进学习方法、提高学习成效,达到以赛促学的目的。

## 二、创新统筹机制,打造多元联动的"赛教"生态

举办高水平的职业技能大赛,前提是要全面统筹资源,加强沟通协作,搭建"政校行企"四方联动、合作共赢的人才培养平台,激发多元主体参加各级职业技能竞赛的能动性和积极性。可由相关主管部门牵头成立省级竞赛组织委员会和赛点竞赛执行委员会,进一步完善职业技能竞赛顶层设计;各

地市级层面和高职院校建立相应的工作机构,全面统筹本地区资源,科学规划和组织区域内技能竞赛工作。要加强同级部门之间的沟通协调,统筹整合行业和社会资源,合力共同主办技能竞赛,保证职业院校"赛教"融通生态系统的和谐、有序和平衡。

### 三、激活项目结构,打造产教共荣的"赛教"生态

职业院校实施"赛教"融通育人,必须构建符合大职教观、适应产业与市场需求的课程体系。发挥技能竞赛产教融合加速器和校企合作催化剂的作用,增强技能竞赛对经济转型和产业升级的适应性,建立校企协同参与技能竞赛项目的机制。举办反映新技术、新行业的新赛项,有效引领新专业(专业方向)的开设与建设。利用技能竞赛平台,进一步推动校企深度融合,实现职业院校与行业企业的全面对接。建立健全集竞赛标准、职业标准、教学标准、课程标准、技能抽查标准以及职业资格证书标准于一体的课程衔接体系,提高职业教育的技术技能积累能力和适应性。

### 四、关注全体学生,打造全员共享的"赛教"生态

推进"三教"改革和"岗课赛证"综合育人,破解"学习难以致用"等问题,达到以赛促教、以赛促改、以赛促训和以赛促学的目的,培养出更多复合型、创新型、应用型的高素质技术技能人才。建立科学的评价考核机制,将竞赛活动和竞赛成绩等内容作为重要指标纳入办学水平的评价指标体系。对于赛项设置采取预报名制度,结合产业和职业院校专业发展实际进行增减,力争实现专业全覆盖。多方支持赛点挖潜力、扩规模,推动由原来一个赛点申请承办多个赛项的模式逐步向赛项与赛点数量同步增加的模式转换。

### 五、弘扬技能文化,打造价值导向的"赛教"生态

把技能竞赛文化基因融入职业教育,不断厚植"尊重工匠、技能强国"的技能文化底蕴,凝聚起"技能改变人生,技能成就梦想"的广泛共识,加强主流价值文化对技能竞赛精神的营养供给。我校加强"楚怡"技能文化传承基

地建设，将"楚怡"职业教育精神与湖湘传统文化教育、职业启蒙教育、劳动实践教育等融为一体，传承"爱国、求知、创业、兴工"的"楚怡"职业教育精神，弘扬"心忧天下、敢为人先、经世致用"的湖湘文化，营造"崇实尚业、技能强国"的社会风气。在职业教育活动周举办院校技能文化节，弘扬劳动光荣、技能宝贵、创造伟大的时代风尚，并弘扬劳模精神、劳动精神和工匠精神。因地制宜、形式多样地开展技能竞赛，形成人人参赛的浓厚氛围，让技能大赛普惠每一位学生，让"赛教"融通生态体系充满活力。

## 第四节 "证"是课程学习的行业检验

"证"是"岗、课、赛"融通后续的凭证，体现行业技能含金量。"证"一般是指职业技能等级证书、职业资格证书、行业资格证书、各类培训证书等构成的证书体系。证书是对学生达到岗位工作所需知识和能力的检验，教学方式、培训内容、考核标准都会直接影响考核结果。《国家职业教育改革实施方案》中明确提出 1+X 证书制度，"1"和"X"不是并行关系，而是相互衔接、相互融通的关系，即要求"书证融通"。高职教育需要建立与职业技能等级标准相适应的课程评价标准，与职业相关证书相统一的教学内容，采取适应岗位的教学组织方式及内容，使得标准、内容、过程相互融合和统筹协调。将职业技能等级证书引入职业学校教育教学的主要目的是，借助职业技能等级证书考核，推动职业技能培训入校园，并随之建立实践导向的人才评价体系，促使职业教育教学向着更加注重实践和实用的方向改革。

职业院校实施"岗课赛证"融通的高技能人才培养，应以"证"促训，将职业资格证书融入人才培养方案，优化人才培养机制，构建新的人才评价机制，打造"岗课赛证"融通的教学体系，具体可从以下几个方面入手。

### 一、以"证"改评，构建新的人才培养目标定位

当前产业生产正在朝着信息化、智能化、集成化的方向发展，企业高技能型岗位对专业人才复合能力、综合素质的要求越来越高。职业教育培养高

技能人才时也需紧跟时代发展步伐,朝着综合化、复合型的方向迈进。"岗课赛证"融通,本身蕴含着培养职业院校学生复合能力的诉求,学生要在学校期间初步获得企业岗位适应能力、竞争能力和实践操作能力。职业院校实施"岗课赛证"融通的人才培养方式,应当抓住引入职业技能等级证书的有利时机,依托证书内容培训与考核,重新构建人才培养目标,将高技能人才培养定位从过去的培养专门型人才转向培养复合型人才。

**二、以"证"促训,拓展新的人才培养评价维度**

在我国传统的职业院校教学体系中,实践教学与实践评价常常流于形式,难以真正起到帮助在校学生形成专业实践能力的作用。"岗课赛证"融通是在校企"双元"育人的基础上,融入职业技能大赛和职业技能等级证书考核培训等元素,突出实践导向,有效丰富了我国职业教育人才培养的内涵,大大拓展了职业教育办学与育人的边界。职业院校实施"岗课赛证"融通,要在引入职业技能培训的同时,及时推动人才培养评价体系改革,拓展新的人才培养评价维度,把职业技能等级证书培训考核结果作为人才培养评价的重要内容,重新确立实践能力在人才培养评价体系中的核心地位,充分彰显职业教育高技能人才培养的类型特色。

**三、将职业资格证书融入职业院校教学大纲**

教学大纲是职业院校课程建设的框架和依据,"课证"融通意指专业课程与职业资格证书获取相融合。要在课程教学过程中落实"课证"融通的理念和原则,应在教学大纲中体现职业资格证书的考核项目。职业院校在规划制定教学大纲时应了解专业所对应的职业、岗位所需要考取的职业资格证书,分析相关职业资格证书的具体考核项目和内容,并使其体现在教学大纲的条目和内容中。在制订人才培养计划时,则应将职业资格证书对应的职业技能标准、职业技能鉴定考试大纲和试题库,融入专业教学计划,设置与职业资格证书考核内容相一致的专业课程教学模块,建立"岗、课、证"三位一体的专业课程体系。

### 四、按照职业资格证书考核要求设计模块化的教学流程

职业资格证书的考核内容主要分为专业理论与专业实务两个方面，具体考核项目和内容则由相关的知识技能点构成。基于职业资格证书考核的基本特点，职业院校可以设计以模块化教学为特征的教学流程。例如，根据职业资格证书的考核内容，结合院校实际教学条件和需要，整合知识与技能考核点，编排设计由简单到复杂的一系列教学模块，每个模块又被细分为多个知识获取任务和实际操作任务，以任务引领教学，串联理论知识与操作实务，以任务模块的分析、研究、设计、操作等来达到教学目的。在教学组织过程中，教师可以在每堂课开始前公布本堂课的学习任务，明确学生所需获得的知识技能点。教师进行阶段性的讲解和示范后，由学生进行实际操作，教师从旁指导并答疑。每项学习任务完成后教师进行现场检查评分，并纳入学生的日常学习表现考评。通过设计和构建模块化的教学流程，可以有效帮助学生在学习任务的探究和实施过程中逐步提高动手能力，并深化对专业课程知识的理解，在相应的课程学习结束后学生就可参加学校组织的职业资格证书考试。

### 五、以职业技能等级证书为落脚点，构建育训并举的人才培养体制

"证"是课程教学的行业检验，以职业技能等级证书为落脚点，构建育训并举的人才培养体制。引入、开发多类职业技能等级证书是"岗课赛证"融通的基本内容之一。职业院校实施"岗课赛证"融通的高技能人才培养时，应把高质量职业技能等级证书的开发和引入摆在重要位置，促进人才培养中的育训并举，提升高技能人才培养质量。

一是开发和引入高质量职业技能等级证书。职业院校、行业组织、职业教育培训评价组织是职业技能等级证书开发的主体。职业院校作为职业技能等级证书开发的主体之一，要切实承担起主体责任，主动与合作单位依照国家职业标准、借鉴国际国内先进标准，共同研制有关职业技能等级的各级各类标准，开发出充分满足行业产业技能需求、企业生产实际的职业技能等

级证书。证书开发工作完成之后,职业院校应当根据自身的办学定位和人才培养目标,科学遴选相关的职业技能等级证书。在此基础上,职业院校要将职业技能等级证书的标准和要求融入教育教学活动,从而优化课程教学内容,使学校教学体系与相关证书的引入、培训、考核各环节相适应。

二是提升职业院校职业培训能力。职业院校引入职业技能等级证书的根本目的是加强学生实践技能训练,实现育训结合、综合育人。因此,借引入相关技能证书的契机,职业院校要大力强化学生职业培训,使职业技能等级证书真正发挥出育训并举的育人作用。一方面,职业院校要联合行业、企业共同建设场地充裕、设施完善、功能完备的实习实训基地,共同建设"双师型"教师队伍,共同开发职业培训教学资源,保障每位学生都能得到系统的职业培训。另一方面,职业院校要提高实践教学课程在专业课程体系中的比重,与行业企业共同制定面向全体在校学生的生产性实习实训办法,支持教师入企挂职锻炼,邀请企业技术专家到校兼任实训导师,营造强调实用、实战、实践的校风,从软件层面提升学校的职业培训能力。

三是加强职业技能等级证书考核管理。职业院校通常是职业技能等级证书考核的常规考点,相关证书考核工作的严格与否,不仅关系到证书的声誉,也影响着职业院校育训并举的最终成效,必须高度重视,严格监督和管理。其一,要加强考试纪律管理,制定严格的考试要求和纪律。考试纪律不仅要严密、细致,不留死角,还要有一定的灵活性,关照到考生在考试过程中可能出现的特殊情况。其二,要加强考核过程管理,健全考核工作流程,成立专门的职业技能等级证书考核监督工作小组,强化保密制度建设,严密监督证书考核的各个环节,推进考核工作科学化、规范化、严格化,确保职业技能等级证书考核评价的高质量。

# 第三章

# "岗课赛证"综合育人的价值指向

"岗课赛证"融通是我国教育界创造的新生事物，是强化职业教育类型特色的显著标志，是推进新时代职业教育高质量发展的重要举措。新时代高职教育发展由追求规模扩张向提高内涵质量转变，培育复合型和创新型的高素质技术技能人才，是新时代高职教育的责任担当，也是高职院校实现高质量转型、高水平发展的必然选择。作为培养高素质技术技能人才的重要载体，高职院校"岗课赛证"综合育人模式具有深刻的时代价值。

　　2021年4月第一次全国职业教育大会在北京召开，国务院副总理孙春兰出席会议并提出深化"三教"改革、"岗课赛证"综合育人、提升教育质量的要求。同年10月中共中央办公厅、国务院办公厅印发了《关于推动现代职业教育高质量发展的意见》，提出完善"岗课赛证"综合育人机制。由此可见，在国家层面，已把探索"岗课赛证"融通作为完善职业教育人才培养体系、提升人才培养质量的重要抓手，为职业院校改革提出了新的任务与方向。

## 第一节　"岗课赛证"融通的功能价值

### 一、为全面落实1+X证书制度提供了新的实践模型

　　第一，"岗课赛证"融通为职业院校创造了育训并举的新途径。实施1+X证书制度，要求职业院校切实履行育训并举的主体职责。传统的职业院校育训并举，主要是通过校企合作育人的模式来实现的，即职业院校主要负责教

授学生专业理论知识，合作办学的企业主要负责学生的实习实训。这种"学"与"做"相分离的培养模式，难以保证育训并举的实际效果。"岗课赛证"融通作为以课程改革为核心的人才培养模式，充分融合了岗位能力标准、职业技能大赛标准、职业资格证书标准等多项标准，打破了传统职业教育校企联合育人过程中学校和企业表面上各司其职、实质上各自为战的格局，从而把新技术、新标准、新工艺、新规范等融入学校的课程标准和教学活动中，使学历教育与职业技能培训真正拥有了一体规划、一体实施的操作空间，为职业院校落实育训并举创造了新途径。

第二，"岗课赛证"融通为职业院校重构教学内容创造了新契机。我国职业教育一直存在专业实践教学环节薄弱、学生实践能力不足的难题，其中一个重要的原因就是职业院校的课程教学内容与企业生产实践脱节、企业岗位实操脱节。1+X证书制度的实施，正是为了补足职业院校实践教学和职业培训的短板，提升企业参与度。"岗课赛证"融通的人才培养模式打破了传统的课程体系，以岗位能力需求标准为导向重组课程内容；以职业技能大赛标准为引领，强化能力培养体系中的实践环节；以职业资格证书等级标准为突破口，全面提升学生技能水平和综合素质。可以说，"岗课赛证"融通的人才培养方式全面重构了职业院校的育人标准和育人体系，为1+X证书制度的实施打下了更加牢固的基础。

## 二、为促进综合育人、深化多元育人提供了新的实施路径

第一，职业教育走多元办学、多元育人的道路，已经成为当前我国学术界、教育界乃至社会各界的共识，但对于职业教育的多元主体协同育人模式以何种方式来开展及以什么样的方法论为指导，则莫衷一是。就目前而言，"岗课赛证"融通是最契合多元主体协同育人理念、最能将多元主体协同育人落到实处的模式或方法。一方面，从主体整合的逻辑看，"岗课赛证"融通的实施主体涵盖教育行政部门、行业企业、职业院校、培训评价组织等，以一个模式带动众多类型主体的协同联动，能产生非常高的协同效能。另一方面，从资源整合的逻辑看，"岗课赛证"融通聚合了企业的岗位资源、职业院

校的课程教学资源、职业技能大赛资源及职业技能等级培训与考核资源，可以使原本分散的教育、社会资源通过一个模式整合起来，形成资源合力。由此可见，"岗课赛证"融通为职业教育多元主体协同育人指明了新的方向。

第二，职业教育多元主体协同育人的本质是社会化育人、综合育人和全方位育人，各方主体都要参与职业教育高技能人才培养的过程，这就需要创设便于各类主体协同开展教育活动的实践路径。"岗课赛证"融通以课程为载体，融合了企业岗位、职业技能大赛、职业技能等级证书考核、职业培训等多重要素，使得职业院校的课程教学体系成为多元主体共同参与高技能人才培养的实践"入口"。随着我国全产业链的转型或升级，以及企业生产工艺和技术的持续迭代与进步，基于"岗课赛证"融通的课程教学改革需要持续推进。由此可见，"岗课赛证"融通为职业教育多元主体协同育人提供了新的实践路径。

### 三、为深入推进"三教"改革提供了新的实践抓手

第一，"岗课赛证"融通丰富了职业院校"双师"教育的内涵。"岗课赛证"综合育人对职业院校师资队伍建设提出了新的要求。"岗课赛证"四位一体的师资建设，要求教师树立"准确识变、积极应变、主动求变"的态度，成为具有较强"岗课赛证"四项能力和融合能力的"双师型"教师。一是教师要切实以获得岗位技能为基础，保持走进企业、贴近产业，更新技术技能知识；二是教师要以课程体系为核心载体，加强课程资源要素整合，大力开展课程改革，提升课程育人质量；三是教师要积极参与证书培训，掌握证书培训体系内涵和相关证书的认证能力，以更好地指导学生的证书认证工作；四是教师要积极组建大赛指导团队，掌握行业竞赛体系，提高指导学生竞赛的能力。教师在落实综合育人、多元育人的过程中，通过深化对"岗课赛证"融通的概念认知，不断提高实践教学水平，成为具有较强"岗课赛证"融通能力的"双师型"教师。

第二，"岗课赛证"融通重塑了职业院校课程教学形态。"岗课赛证"融通模式下的专业教学形态，既不同于传统的一元化课堂讲授式教学，也不同

于一般意义上的校企合作育人，而是在原本的校企"双元"育人模式的基础上增加了职业技能大赛、职业技能等级证书两项全新的教育元素。相对于传统的"岗课"融通、"课证"融通、"课赛"融通等的课程体系构建模式，以"岗、课、赛、证"四要素融通为载体的课程体系将"岗、赛、证"的面向对象、主要内涵与特征、评价体系等整合建课，突破因"岗、课、赛、证"四要素的生成逻辑、目标、价值取向不同所产生的整合难点，厘清学生职业能力成长的层次性，形成多层次、多场景的教学模式。

第三，"岗课赛证"融通充实了职业院校专业教材的内容。教材是教学内容的主要载体，是教师教、学生学的主要依据。在"岗课赛证"综合育人的培养模式下，参与教学的人员和教学内容发生了明显变化。"岗、课、赛、证"四要素可以给教材改革提供改革思路与实施路径，教材编写人员不再只是高校教师，专业教材要紧跟企业岗位能力需求，引入职业技能等级证书的培训内容，引入职业技能竞赛项目，增强教材内容的时效性，以有效破解过去教材改革中教材编写人员单一、教材内容偏重理论、缺乏真实岗位实践性内容和典型案例等问题，提升教材编写质量。

## 四、为健全多元化人才培养评价体系提供了新的突破口

第一，"岗课赛证"融通为构建职业教育人才培养多元化评价标准创造了突破口。职业教育的职业性、技术性和社会性，以及学生学习成长的终身性决定了高职教育应积极引入行业企业等第三方评价主体，建立多元化人才培养评价标准，引导学生多方位成长。"岗课赛证"融通的高技能人才培养，促进了职业教育与产业、与社会的有机融合，有效打破了我国传统职业教育"关起门来"办学的格局。将企业岗位工作内容、职业技能等级证书考核与培训内容、职业技能大赛标准等多元教育要素融入日常教学活动，不仅为我国构建职业教育人才培养多元化评价标准提供了可能，也为职业院校实施高技能人才培养的多元化评价创造了实践空间。

第二，"岗课赛证"融通为构建多元主体参与人才培养评价体系创造了突破口。在一般意义上的职业教育校企合作中，企业已经参与人才培养，具备

了评价职业教育人才培养工作的资格和条件，但同样是作为职业教育重要利益相关主体的行业组织、职教培训单位、竞赛组织、行业主管部门、第三方评价机构等依然游离于职业教育人才培养和评价之外。"岗课赛证"融通则不同，它是以专业课程改革为实践载体和抓手，在人才培养过程中融合"岗、课、赛、证"多个元素，使行业组织、职教培训单位、竞赛组织、行业主管部门、第三方评价机构等主体都能参与高技能人才培养，也为多元社会主体参与高技能人才评价创造了新的突破口。

第三，"岗课赛证"融通为完善人才培养评价过程提供了环境与支持。"岗课赛证"融通为技术技能人才培养提供了更丰富的评价过程与评价内容。多样化评价标准，可以使多元评价主体根据不同的场景对学生培养质量进行多维度、全方位、立体化评价。

## 第二节　助力新时代人才强国建设

党的二十大报告指出，教育、科技、人才是全面建设社会主义现代化国家的基础性、战略性支撑，强调深入实施科教兴国战略、人才强国战略、创新驱动发展战略。培养造就大批德才兼备的高素质人才，是国家和民族长远发展大计。有研究显示，对于后发国家来说，由高精尖人才数量、人才整体质量和人才创新活力构成的人力资本，对于实现跨越式发展能够产生效率倍增效果。人才是创新的第一资源，丰富的人才资源是我国在激烈国际竞争中的重要潜在力量和后发优势。我国要实现高水平科技自立自强，归根结底要靠高水平创新人才。要做好新时代人才工作，坚持把人才资源开发放在最优先位置，着力夯实创新发展人才基础，这样才能聚天下英才而用之，把科技自主权、发展主动权牢牢掌握在自己手中。

高质量应用型人才是现代化建设所需人才的重要方面，如何培养出更多符合我国现代化建设需要的高质量应用型人才？"岗课赛证"综合育人模式为职业院校培养高素质复合型创新型技能人才打造了新样板，其以课程改革为核心，基于岗位技能重构课程内容、改进教学方法，以真实工作项目为载体,与企业共同探索有效的高技能人才培养途径。其中,课程体系是融通的核心与载体,将职业资格证书考试课程与专业课程教学相衔接,做到课程与考证相结合,课程与职业资格证书融合,以赛促教、以赛促学,提升学生的动手能力与岗位实践能力。

"岗课赛证"综合育人顺应了产业转型升级对技术技能人才的现实需求。随着技术变革和产业转型升级,产业需求侧和人才培养供给侧在数量、结构、质量等方面的结构性失衡问题日益突出。一方面,智能化生产组织方式变革增加了操作设备及技术的复杂程度;另一方面,产业转型升级过程中企业组织架构的灵活化和岗位间界限的模糊化加快了岗位人员流动的速度。在此环境下,精通某一职业领域专门知识、技能单一化的技术技能人才,已难以适应当今产业发展所需。"岗课赛证"综合育人模式优化了人才培养的载体,融合了产业界、教育界、竞赛界、证书界四大系统的育人要求,可以使所培养的人才掌握产业发展所需的多项必备技能和最新技能,从而缓解高职院校人才培养中的技能供需不匹配、人才输出质量难以获得行业企业认可等矛盾,顺应产业转型升级所需。

## 第三节 彰显类型教育特征的重大举措

《国家职业教育改革实施方案》(以下简称"职教 20 条")开宗明义就指出:"职业教育与普通教育是两种不同教育类型,具有同等重要地位。"现代教育是一个高度分化的有机系统,不同类型和层次的教育子系统相互融合,共同服务社会发展。在这个教育系统中,普通教育与职业教育分别有着不同的人才培养目标和相应的管理模式,两者通过不同的智力服务来促进经济社会发展。但在我国传统的教育管理体制下,普通教育与职业教育之间缺乏明确界线。一方面,职业教育在普通教育评价机制的影响下,自身的功能特质逐渐弱化;另一方面,普通教育被赋予了职业教育的功能预期,因教育资源的错配造成低效,从而导致经济社会发展的需求难以得到满足。现实中出现的结构性失业在很大程度上源于不同类型教育间的功能紊乱,这也在深层次上解释了教育质量缘何备受社会质疑。因此，职业教育走向类型化，实现与普通教育的相对独立和并行发展，实际上是理顺了两种不同类型教育间的关系，明确了各自的属性、角色与职能定位。在此前提下，职业院校能够充分依据劳动力市场需求来构建或改革人才培养模式。与此同时，政府依据战略需要为职业教育或普通教育制定相应的投入和治理方案，使不同类型的教育各安其位、各司其职。

职业教育经历了从规模扩张到内涵提升的发展阶段，主动对接市场需求，优化职业教育结构和布局，一体化设计中职、高职、本科不同层次专业，基本覆盖国民经济的各行各业，人才培养水平也有了质的提升。但是，现实问题依然严峻，随着产业结构转型升级，智能制造、工业互联网、虚拟现实等新兴产业和现代服务业迅速崛起，迫切需要懂技术、会管理的复合型技能人才。"岗课赛证"融通旨在培养人才贴近经济产业的职业能力，以及提升1+X证书制度的创新能力，着重培养学生的技术技能、职业素质和终身学习能力，为教育资格与职业资格的融通体系奠基，是一项着眼于社会发展需求、满足岗位能力要求、适应个人生涯发展规划等多方面的教学改革；"岗课赛证"融通与职业教育类型不谋而合，对于推动教育链、人才链、产业链、创新链的有效衔接和培养对口精英人才具有重要的时代价值，是一项增强职业教育适应性、系统性、综合性，彰显职业教育类型特色的举措，更是增强职业教育适应性的出发点和落脚点。

## 第四节 积极践行产教融合的有效路径

2019年1月，国务院印发《国家职业教育改革实施方案》，明确职业教育和普通教育是两种不同的教育类型，具有同等重要的地位。要让职业教育产出的人才适时匹配产业的动态需求，提升职业院校人才培养和社会培训的质量，就需深化产教融合，这也是推进职业教育改革创新发展的战略性举措。随着生活水平的不断提高，人们对接受更高层次、更高质量教育的期待和需求也日益凸显，这就要求对原有职业技术教育人才培养体系做出变革性调整，大力拓展校企合作，积极践行产教融合。持续深化"岗课赛证"融通，可以切实提高职业教育水平，提高人才培养质量和就业质量，增强职业教育人才培养能力，适应人民对高质量职业教育的理想追求。

"岗课赛证"综合育人模式关注产业岗位、行业标准、技能大赛、职业证书，注重产教对接，有效地推动了产业链、教育链、创新链的有机融合，这种育人模式不仅能够凸显产教融合的教育属性，还是深化产教融合的重要方式。"岗课赛证"融通的关键是要连接产业和专业，融通路径可以将行业、企业、学校联合起来，通过产教融合、校企合作，双方按照真实的工作岗位群共同分析岗位需求、职业面向，共同制订人才培养方案、开发课程体系，将校赛、省赛、国赛等内容融合，发挥赛事标杆作用，保持教育活力，同时融入资格证书、等级证书、培训证书等，来检验和评价人才培养质量，并进行补充和提高。

例如，深圳职业技术学院与华为公司产教融合，成为高职教育"课证"融通范式，该校相关产业学院将华为认证的技能教学标准体系进行解析，对技能课程内容知识点和技能点进行细分并重构，将企业认证技能教学标准转化为对学生知识、能力和素质的要求。还有一种是"课赛证"融通教学模式，以赛促建、以赛促教，"课赛证"融通标准贯穿"产赛教"融通人才培养体系。其以大赛为引领，将技能大赛的比赛标准及其比赛内容融入课程标准和课程教学内容，提升技能型人才培养质量。其按照高职三年人才培养体系方案，在大二和大三阶段进行培训、选拔、再训练和参赛，因此在大一阶段学校就要为学生参赛打好赛项知识基础。例如，金华职业技术学院对课程体系进行优化，对国家级技能大赛资源进行碎片化、项目化改造，重新设置基于大赛项目和 X 证书项目化的课程、重新设计教案，并以服务课程教学为导向，编写了"赛教"融通理实一体化校本教材和课程标准，建立了技能赛项标准与 X 技能考证标准兼容的训练平台，有效利用了教学资源。

## 第五节 赋能学生可持续全面发展

面对中华民族伟大复兴的战略全局和百年未有之大变局,我们迎来了创新驱动发展、产业升级转型的新机遇,社会对高素质技术技能型人才的需求日益旺盛。《2022年中国职业教育质量年报》显示,学生发展指数优秀的100所院校具有以下几个方面的特征:一是毕业生职业发展好,学生毕业三年后职位晋升比例(中位数83.4%)显著高于全国院校水平(中位数45.3%);二是学生技能与创新能力强,毕业生职业资格/技能等级证书获取率(中位数90.4%)远超全国院校水平(中位数50.9%),且学生在全国职业技能大赛、全国职业院校技能大赛、"互联网+"大学生创新创业大赛等比赛中普遍获奖较多;三是学生社团参与度高,学生社团参与率(中位数48.8%)是全国院校水平(中位数22.1%)的2倍多,且生均参与志愿活动时间(中位数0.56人日)是全国院校水平(中位数0.13人日)的4倍多。这表明高职毕业生所具备的素质能力越来越对接岗位要求,日益实现更高质量的就业。

在产教融合发展的大背景下,"岗课赛证"融通模式注重企业岗位发展需求,重视校企协同育人培养细节,按照"1+X"考核反馈的方式对人才培养中的问题和不足进行调整完善,通过国家、省、校三级竞赛机制,把职业技能竞赛训练融入人才培养方案,创建实习实践基地,可营造贴近岗位实际的高效教学环境。"岗课赛证"综合育人模式通过技能竞赛、技能等级证书将高职学生的职业综合能力复合化、标准化、透明化,培养一专多能的高素质和高技能的复合型人才,使社会和行业、企业对高职院校的学生输出标准共同认可,从而使学生在共同认可中实现更满意的个人职业发展和自我价值。

# 第四章

# "岗课赛证"综合育人的融通过程

"岗课赛证"综合育人是一种深度整合岗位实践、课程教学、技能竞赛和证书认证的教育模式，旨在培养符合市场需求的高素质技能型人才。本章从"岗课"融通、"课赛"融通、"课证"融通等维度，详细阐述"岗课赛证"综合育人的融通过程。

## 第一节 "岗课"融通

　　当前，产教融合是职业教育新发展格局中的优先要素，已然成为职业教育新发展格局中的内生变量，而"岗课赛证"融通既是职业院校深化产教融合的成果，也是推进职业教育供给侧结构性改革的要求。"岗课赛证"融通首先要进行的是"岗课"融通，以岗位能力需求为出发点构建课程体系，弥补传统知识链条上的不足，真正培养满足市场需求的专业技能型人才（图4-1）。"岗课"融通可以按照确定目标岗位、岗位任务分析、能力课程转换三个方面依序进行。

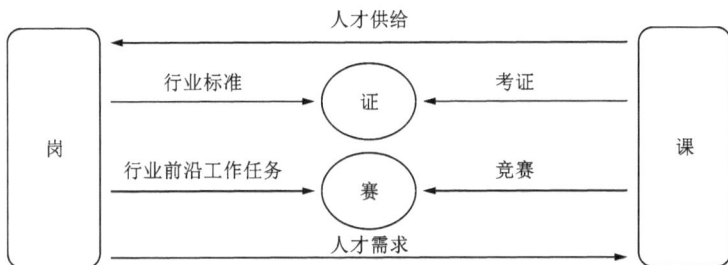

**图4-1 "岗课"融通**

## 一、确定目标岗位

岗位是人才培养的最终方向，确定目标岗位时，可从就业前景、职业倾向、专业定位三个角度来综合考虑。

1.了解目标岗位就业前景

通过市场调研，了解目标岗位所在行业的发展趋势、薪资水平、市场需求，提炼岗位能力要求，包括岗位知识要求和岗位技能要求，具体可以从以下几个方面来了解。

(1)行业前景及趋势：通过行业分析报告、新闻报道和专业网站等，了解目标岗位所在行业的发展前景，包括政策支持、技术进步、市场需求等；同时通过行业报告、新闻报道和专业网站获取相关信息，了解目标岗位所在行业的发展趋势，包括市场规模、增速、竞争格局等。

(2)岗位需求：通过招聘网站、企业官网、职业社交平台等途径，了解目标岗位在就业市场的需求情况，包括招聘数量、薪酬待遇、职业晋升等。

(3)技能要求：通过相关职业标准、招聘信息和企业官网等途径，了解目标岗位所需要的技能和资质要求，还可以参考国家职业资格标准和岗位标准，以确保人才技能培养与市场需求相适应。

(4)人才供需状况：通过当地政府部门、人力资源服务机构、招聘网站等途径，了解目标岗位所在地区的人才供需状况，包括就业市场竞争情况、人才流动情况、人才培养情况等。

2.了解学生的职业倾向

了解学生职业倾向对高职院校具有重要意义，其可以帮助学校更好地规划和调整专业课程设置、改进教学方法，提高教育质量，从而使高职院校更好地适应当地经济发展和产业需求，培养符合市场需求的专业人才，提高学生的就业质量，从而推动学校发展。

了解学生职业倾向可从职业测评、实习实训、职业咨询及校企合作几个方面展开。通过职业测评，了解学生在兴趣、能力和性格等方面的特点，从而更好地指导学生选择适合自己的职业方向；安排实习实训课程，让学生接触实际工作环境，了解不同职业的具体工作内容和要求，从而更好地认识自己的职业倾向；提供职业咨询服务，让学生与专业人士交流，了解不同职业的发展前景、薪资待遇、职业发展路径等信息，帮助学生做出正确的职业选择；与企业合作，开展就业实践活动，让学生了解不同企业的文化、管理模式、职业发展机会等信息，从而更好地选择适合自己的职业方向。

3. 专业定位

在明确目标岗位的过程中，考虑专业定位对学校、学生和社会都具有重要的意义。如果专业定位过于宽泛，会造成课程体系过大，技能培养就会没有侧重点，学生学习知识也如走马观花、蜻蜓点水，虽面面俱到，但缺乏特色与竞争力。因此，明确目标岗位时，学校需要明确专业定位，同时考虑地方经济状态和产业结构对人才培养的影响，提高学校的教育质量，形成专业特色。

## 二、岗位任务分析

要想"岗课"融通，就需要对目标岗位的典型工作任务进行深度分析，提取育人要求，这样才能科学合理地构建课程体系，优化课程内容。对典型工作任务的深度分析涉及的方面如表4-1所示。

表 4-1　典型工作任务的深度分析

| 分析要点 | 分析内容 |
| --- | --- |
| 岗位职责 | 明确岗位的工作任务，包括具体的工作内容、要求的技能和知识、工作目标等 |
| 任务信息 | 收集岗位相关的工作任务信息，包括工作流程、工作环境、所需工具和设备、工作条件、职业素养等 |
| 工作流程 | 了解该岗位在整个工作流程中所扮演的角色和作用，确定工作的关键点和难点 |
| 工作标准 | 确定岗位能力标准、职业技能大赛标准、职业资格证书标准 |

**续表4-1**

| 分析要点 | 分析内容 |
|---|---|
| 毕业生反馈 | 通过毕业生反馈，可以进一步完善岗位任务分析，发现并解决工作中存在的问题和难点 |

在进行岗位任务分析时，还需要关注学生需求，确保课程能够满足学生的学习需要及发展需求，同时岗位任务要能灵活适应多种教学环境和学生群体。

### 三、能力课程转换

"岗课"对接是"岗课赛证"融通的第一大逻辑，基于岗位分析设置专业教学课程与教学模式，培养学生具备实际工作所需的技能和职业素养，提高学生就业竞争力。其中，能力课程转换是"岗课"融通过程中的关键步骤之一，它主要是将目标岗位所需能力分解为能力训练课程。能力课程转换具体可从以下四个方面展开。

1. "岗课"对接，设计基于岗位能力的课程体系

根据专业对应岗位的工作任务和核心能力要求，"校行企"协同制定人才培养目标及课程标准，将行业发展的新技术、新工艺、新规范融入课程教学目标，提升课程教学与行业发展、产业变革、岗位工作任务之间的衔接度，同时结合岗位核心技能点及学生职业发展需求，重构专业课程体系及内容。

2. 提升教师教学转换能力

首先，培养教师基于岗位任务的教学转化能力，将岗位典型工作任务转换成可教、可学、可测的具体教学模块。其次，培养教师基于各类标准的教学转化能力，对职业技能标准、竞赛内容、技能考证内容进行提炼分析，并结合课程特点以合适的载体进行教学转化。最后，培养教师对教学情境的拓展创新能力，将专业对应行业的新技术、新工艺、新规范以典型案例、技术技能运用场景等方式融入课程教学情境。此外，还可运用企业大师、学校教

师、专家裁判、行业专家等教育人力资源组建符合项目式、模块化教学需要的教学创新团队，优化教师队伍层次和能力结构。

3. 提升教材内容融合创新度

教材内容紧跟产业发展的最新方向，跨界整合"岗赛证"所对应的职业资格与职业技能等级证书标准和竞赛标准，对接行业发展趋势和市场需求，及时吸收比较成熟的新技术、新工艺、新规范。"校行企"共同编写对接岗位真任务、真情境的模块化、活页式教材，将真实生产项目、典型工作任务、技术技能的运用情境等转化为适合学生学习的模块、项目、案例。

4. 校企联动，创建多课堂融合

与企业建立深度合作，将企业课堂与学校课堂有效结合，通过企业课堂，在真实的工作环境和实践中培养学生的实践创新能力，让企业的设备成为教具，让学生在真实工作环境中进行实训实践。学校课堂中，根据工作场景创设教学情境，将企业的项目或问题引入教学中，将服务行业的技能标准融入课程能力模块中，做到理论实践相结合，融教、学、做为一体。

## 第二节 "课证"融通

"课证"融通，又称为双证教学，是指课程的设置与职业考证相对应，课程教材和教学内容与考证内容相一致。通过课程学习，学生能直接参加相关职业证书的考试。从微观上来说，"课"代表专业课程，"证"代表职业考证，"课证"融通是指专业课程与职业考证相结合，这是"课证"融通的初级形态。从宏观上来说，"课"代表专业人才培养，"证"代表岗位要求，"课证"融通是指专业人才培养与职业岗位要求相结合，这是"课证"融通的高级形态。"课证"融通实训课程既是提升学生综合运用专业知识能力的专业课程，也是培养学生职业综合能力和岗位技能的岗前训练指导课程。

## 一、证书分析

国家推行 1+X 证书制度，"1"为学历证书，"X"指若干职业技能等级证书，推行 1+X 证书制度的目的是鼓励学生在获得学历证书的同时，积极取得多个职业技能等级证书，从而拓展自己的就业渠道，提升就业创业能力。学历证书反映学校教育的人才培养质量。职业技能等级证书是毕业生、社会成员职业技能水平的凭证，反映职业活动和个人职业生涯发展所需要的综合能力。"1"是基础，"X"是"1"的补充、强化和拓展，书证相互衔接融通正是 1+X 证书制度的精髓所在。

职业院校的领导和教师在 1+X 证书制度试点初期，需要认真思考可能出现的新问题。试点工作可能面临的风险：一是在培训设施、教师培训、培训课程、培训教学等方面增加开支，形成试点初期投入大于直接收益的财务风险；二是在校内推行、完善和创新制度的过程中，面临一定的治理风险；三是"X"证书如何得到社会认可，帮助学生更充分和更高质量就业。唯有落细落小落实，做好充分的应对准备，才能化解试点初期的主要风险。唯有探索在前，实践在先，争做改革的示范，才能最大限度地收获改革的红利，把握发展的机遇。

## 二、开展与培训评价组织的紧密合作

职业院校和培训评价组织达成共识、形成共赢是推进 1+X 证书制度试点工作的关键。具体工作主要涉及两个方面：一是要对公告发布的职业技能等级证书及标准内涵进行调研分析，对社会认可度、与本校相关专业的融合性、引入的可行性等方面进行论证；二是要与培训评价组织开展合作，明晰各方职责、协调各方利益，共同拟定培训与考核计划及相关文本资料，开展训练装备技术验证，测定训练装备标准量值，以此保障训练装备的先进性、可靠性、安全性和绿色低耗性。

职业院校要制定教育部推荐证书的引入与评价机制，评价标准要准确反映院校服务区域内产业发展需要和证书关联的职业岗位的价值判断两大关键内容,评价过程要有行业咨询专家和毕业生主要用人单位的深度参与。在引入证书的同时,要先行做好对各类现行低价值、学生低参与度证书的清理工作。

### 三、正确处理"1"与"X"的关系

职业院校要鼓励在校生在获得学历证书的同时,积极取得多类职业技能等级证书,以增强就业创业本领。为更好地服务地方经济发展,试点院校还应利用校内资源,面向社会成员提供"X"证书的培训服务,以缓解结构性就业矛盾。为此,试点院校相关专业在确定对接"X"证书后,需升级改造原有专业课程配置,使之具备多接口和多元服务的功能。

多接口指根据初、中、高三级"X"证书的技术技能培训考核内容,开发相应的三级接口课程。接口课程主要通过改造原体系中的相近课程获得,以职业工作过程为导向,通过项目实施教学,为学生参加"X"证书培训储备基础理论、工作方法和基本规范等知识。接口课程隶属于"1",学生通过接口课程学习后,再与相同层级的"X"证书培训和考取对接。

多元服务要求与同专业领域(或同一专业群)内的其他专业合作开发初、中两级的宽口径共享型接口课程,为学生获得其他专业领域的"X"证书提供多元选择;同时要开辟社会人员通道,让社会人员通过接口课程学习后,也能对接"X"证书培训,并获得对应的"X"证书。

建立和完善学分制度,让学生获得的"X"证书可以被折算成学分,实现"X"证书学分和"1"中的其他课程,甚至本科以上学历教育阶段的课程实现学分互换。这是"1"与"X"融通的桥梁,更是破解职业教育发展不平衡不充分难题、畅通技术技能人才成长渠道的重要途径和手段。

### 四、"课证"融通分析

1.做实前期调研论证,把握专业课程开发要点

1+X证书制度下高职"课证"融通专业课程体系开发,是新时期我国高职

教育在类型教育的新定位下，探索新课程开发的过程，高职院校应高度重视课程体系开发的前期调研论证工作，把握好专业课程开发的要点，确保后续各项开发工作高效有序推进。

第一，做实前期调研论证。高职院校必须做实前期调研论证，为课程结构设计、课程门类设置、课程内容规划等提供依据。高职院校应根据专业课程开发的内涵、规格和导向，科学制订课程开发前期调研论证工作流程和方案，明确调研的内容、方法和步骤，扎实做好各项调研工作，对区域行业、企业的人才需求标准进行细致的收集和分析。在做好调研工作的基础上，高职院校应组织专家学者、行业资深人士根据调研收集的信息和数据，严密论证专业课程的结构和内容，完善"课证"融通课程体系建设的总体框架。

第二，把握专业课程开发要点。高职院校要想开发"课证"融通的专业课程体系，就要通过完善专业课程的结构、内容和教学过程，推动和促进"课"与"证"的相互融合，构建集专业知识教育与职业技能培养于一体的人才培养体系。由此可知，高职"课证"融通专业课程体系开发的核心要点就在于一体化规划专业知识教育与职业技能培训，具体来讲，又分为以下三个次级要点。一是在课程结构规划上，要确保实践性课程占有较大比重，重视职业技能的学习与实训；二是在课程内容开发上，要注重理论知识与实践知识的有机融合、相辅相成；三是在课程教学方案的设计上，要注重理论知识教学与职业技能培训的统筹安排、同步实施，在教学实践层面落实好"课证"融通的理念和要求。

**2. 突出校企协同育人导向，纳入多元开发主体**

高职院校开发"课证"融通的专业课程体系，需要突出校企协同育人导向，不断丰富和拓展高职教育专业课程开发建设的内涵。高职院校要将职业技能等级证书融入课程体系建设，同时强化行业与企业的参与是必要条件，也是逻辑必然。对此，高职院校开发"课证"融通的专业课程体系时，要在课程目标、课程标准、课程结构、课程内容上突出校企协同育人的理念，高职专业课程开发工作机制也应围绕校企协同育人这一基点来构建，在课程开发与专业教学中充分发挥企业的育人主体作用。在专业课程教学过程中，高职院校应建立企业深度参与的教学模式，校企共同开展人才培养活动，把校企协同育人的理念和原则落到实处。

除此以外，高职院校加强"课证"融通的专业课程体系建设，还要纳入多元开发主体。传统的高职院校专业课程体系开发，通常是由校内的专家组独立完成，院校自身是课程开发的主要甚至唯一主体，这是造成过去高职教育专业教学体系与产业发展实际、市场真实需求脱节的重要原因。新时期高职院校开发"课证"融通的专业课程体系的根本目的正是促进高职教育专业教学体系与产业发展实际、市场真实需求对接，以更好地发挥高职教育支撑经济社会发展的功能。因此，高职教育开发"课证"融通的专业课程体系，除了应联合企业共同开发专业课程，还应当联合行业组织、第三方教育评价机构、大师名匠在内的多元社会主体，其中部分是与职业技能等级证书的开发、考核直接相关的主体，部分是与高职院校人才培养需求主体相关的主体。多元社会主体共同开发专业课程体系，能够有效保障"课"与"证"无缝衔接、深度融合。

3. 彰显职业教育类型特征，建立课程新标准

"课证"融通的实质是将职业培训融入专业课程教学，要求理论教育与实践教育相统一，这也是职业教育类型特征的重要体现。高职院校开发"课证"融通的专业课程体系，应突出高职教育类型特征这一根本点，建立区别于传统专业课程标准的新标准，完善高职新专业课程体系建设的底层逻辑。一方面，高职院校要对接行业职业岗位，完善专业课程设置。专业课程设置决定了高职专业课程体系的结构，是高职院校专业课程体系开发和建设的基础。"职业技能等级证书体现了职业岗位的技能需求，是行业职业岗位标准的直接反映。"高职院校推行"课证"融通时要建立新的专业课程标准，这一方面需要对接行业职业岗位，完善专业课程设置，使课程标准与职业岗位标准相匹配。高职院校应全面详细地了解各专业对应岗位的具体工作任务和内容，清晰界定职业岗位所需的能力，以此作为课程设置的基本依据。针对行业职

业岗位所需的不同能力结构，高职院校应合理设置专业基础课程、专业核心课程，确保专业基础课程涵盖行业职业岗位所需的基本能力，专业核心课程涵盖行业职业岗位所需的主要技术技能。另一方面，高职院校要瞄准行业发展需求，明确专业课程教学的性质、目标和任务。面向区域产业、行业发展办学，人才培养以满足企业用人需求为目的，是职业教育的根本特征。在实践操作层面，高职院校应进行详尽的行业、产业调研和市场需求调研，厘清区域行业和市场的真实人才需求、技能需求，再辅之以校企协同开发专业课程体系的工作机制，将行业发展需求充分融入专业课程开发过程。

4. 坚持理实一体，整合专业课程内容

一是要突出专业课程内容的实践性。理论与实践有机统一是理实一体化教学的基本要求，其在高职院校专业课程内容上就表现为专业理论教育与专业实践教育相互融合、相互支撑。高职院校需要在专业课程设计中突出实践性教学内容，尤其是要增加实践性教学内容在各门专业课程中的比重，在课程知识安排方面要注重理论知识与实践知识的配比，对于理论知识以够用为原则，充分安排实践性教学内容。在实践性教学内容的安排上，应采取由易到难、由简到繁的原则，与专业理论知识教学统筹规划、同步推进，摒弃在学生毕业前集中进行实践性教学的传统做法。二是要突出专业课程内容的操作性。高职教育实施"课证"融通的要义是促进专业教育与职业培训相融合，而高职院校开展职业培训的目的是让学生掌握实践操作技能，因而在突出课程内容实践性的基础上，还应注重课程内容的操作性，把"做"作为专业课程内容的根本，使"学中做，做中学"成为高职专业课程体系的鲜明特色。在高职专业课程开发中突出课程内容的操作性，关键在于提高学生对知识形成过程的参与度，避免出现学生在学习过程中以观察和理论分析为主的现象。三是突出专业课程内容的融合性。高职院校开发"课证"融通的专业课程体系时，应在突出专业课程内容的实践性和操作性的基础上，着力促进专业理论知识与实践知识的融合。专业课程内容的呈现与编排，应围绕职业岗位的具体工作任务进行，通过课程内容构建创设出问题情境、工作情境，促使学生在学习过程中充分吸收并内化知识。

5.厘定专业教学目标,重塑专业课程整体结构

教学目标是教学的前提,引导和支配着整个教学过程,在教学活动中居于核心地位。高职院校开发"课证"融通的专业课程体系时,厘定专业教学目标,明确课程开发和建设的方向,是不可或缺的环节。专业教学目标从属于院校的办学定位和人才培养目标。对于厘定专业教学目标,高职院校必须在明确办学定位和人才培养目标的前提下,依据专业对应的行业职业岗位的能力需求,确定各专业的人才培养规格,进而规划制定各专业教学目标。概括来讲,高职院校的人才培养归根结底强调的是"能力"二字,因而对于基于"课证"融通的专业教学,也必须确立"能力本位"的教学目标。行业职业岗位的能力要求,通常由知识与技能、过程与方法、情感态度三个维度构成,高职院校厘定专业教学目标时,也应围绕上述三方面能力的养成,分别设定知识与技能教学目标、过程与方法教学目标及情感态度教学目标,依此三维教学目标来明确专业课程的开发和建设方向,重塑专业课程整体结构,编排专业课程教学内容。根据新厘定的专业教学目标,重塑专业课程整体结构,则是开发"课证"融通的专业课程体系需要遵循的重要逻辑。专业课程结构是人才培养的重要影响因素,决定着高职院校的人才培养规格和质量。高职院校开发"课证"融通的专业课程体系,建立新的课程教学目标、标准和内容,必然需要建立与之相应的专业课程结构。"课证"融通的核心在于专业教育与职业培训的融合,以此为依据重塑专业课程结构,要突出以下两个重点。一是要进一步提高实践教育课在专业课程体系中的比重。实践教学模块在专业课程体系中至少应占到50%以上,使学生在校就学期间就能够掌握扎实的职业技能,毕业时有能力获得中等层次的职业技能等级证书。二是要增强专业课程结构的前瞻性和灵活性。职业技能等级证书的考核标准和内容结构都会随着行业、产业的发展而产生变化,高职院校开发专业课程体系时,要在课程框架结构上留有一定的调整余地,及时根据产业生产实践与市场人才需求的变化调整课程结构,使之贴近产业生产、行业发展。

## 第三节 "课赛"融通

"课赛"融通旨在通过技能竞赛激发学生学习兴趣和动力，促进课程教学效果的提升。在课程教学中，教师将竞赛内容和要求融入课堂，通过案例分析、实践操作等方式培养学生的竞赛能力和职业技能。同时，学校组织丰富多样的技能竞赛活动，鼓励学生积极参与，展示自己的技能成果。此外，学校还与企业合作举办行业技能竞赛，让学生有机会与同行交流学习，提升技能水平。

### 一、"课赛"融通的特性

(1)互补性与协同性：互补性体现在课程教学为学生竞赛提供扎实的理论基础和必要的知识储备，而竞赛则通过实践应用检验和拓展课程教学的成果；协同性则在于二者共同服务于人才培养目标，通过相互促进、相互协调，实现人才培养质量的整体提升。

(2)激励性与挑战性：竞赛的引入为课程教学注入了新的活力，其竞争性和挑战性能够激发学生的学习兴趣和积极性，促使学生主动探索、积极实践。通过参与竞赛，学生不仅能够展示自己的才能和技艺，还能够获得成就感和自信心，进一步激发其学习动力。

(3)实践性与创新性："课赛"融通强调实践教学的重要性，通过组织实践活动、模拟竞赛等方式，让学生在实践中学习、在竞赛中成长；这种融通模式还鼓励学生发挥创新精神，敢于尝试新方法、新技术，解决实际问题，从而培养学生的创新能力和实践能力。

### 二、"课赛"融通的过程

(1)课程内容的重构与整合：学校和教师需要深入分析竞赛要求和标准，将其与课程内容对接和融合。通过重构课程框架、整合教学资源，将竞赛所需的知识、技能和素质培养融入课程教学中，使课程内容更加贴近实际、更具针对性。

（2）教学方法的改革与创新：为了适应"课赛"融通的需要，教师需要改变传统的教学方法，采用更加灵活多样的教学方式。例如，可以引入项目化教学、案例教学等教学方法，让学生在参与项目或分析案例的过程中学习和掌握相关知识技能；同时，也可以利用信息化教学手段，如多媒体教学、在线教学等，激发学生的学习兴趣和提高教学效果。

（3）竞赛活动的组织与实施：学校需要建立完善的竞赛活动组织机制，包括制订竞赛计划、明确竞赛规则、组建竞赛团队等；在竞赛实施过程中，学校还需要提供必要的支持和保障，如场地设备、技术指导等，确保竞赛活动的顺利进行。

（4）评价与反馈机制的建立与完善：为了及时了解"课赛"融通的效果和问题，学校需要建立有效的评价与反馈机制。通过对学生的学习成果、竞赛成绩等进行定期评价和反馈，可以了解学生的学习情况和技能水平，为后续的教学改革提供依据；同时，也可以根据学生的反馈意见，不断优化"课赛"融通的模式和策略。

## 第四节 "岗课赛证"综合育人的实现机制

### 一、以"岗"促教，构建新的实践教学机制

第一，瞄准企业岗位工作任务，构建"岗教互通"的实践教学机制。专业课程中的实践教学内容是决定职业院校实践教学质量的重要影响因素。"岗课赛证"融通，瞄准企业岗位工作任务，构建新的实践教学内容，需要把握以下两个要点。一是依据企业岗位工作任务确定专业实践教学内容。职业院校要在校企"双元"育人的基础上，在编排专业实践知识的过程中，进一步贴近企业岗位的实际工作情境和工作任务，始终做到与企业岗位工作任务高度匹配和统一。二是将企业岗位工作中的新技术、新工艺、新标准、新规范及时融入专业实践教学中。当前正值全球新一轮科技和产业革命全面兴起，生

产产业和服务领域的新技术、新工艺、新标准不断涌现并加速迭代。职业院校的专业教师需对企业岗位工作形态的变化时刻保持高度敏感，学习前沿科技成果和技术工艺，并及时将其融入实践教学内容中，保证实践教学内容的先进性、时代性。

第二，对接企业岗位工作实际，构建新的实践教学"双元"联动机制。企业岗位与专业课程的融通，离不开学校与企业在实践教学过程中的"双元"联动。职业院校要积极贯彻落实国家关于全面深化产教融合、校企合作的政策精神和工作要求，改革调整专业教学体系，与企业建立起良性互动、协同高效、优质有序的实践教学机制。一方面，职业院校应根据实际办学条件，以生产性实训的标准来规划和设计实践教学，激发企业共同开发职业教育培训资源及开展实践教学的内在动力，形成相应的联动机制。另一方面，职业院校应建立更加灵活的用人机制，使教师入企实训与企业导师入校兼职并举，同时把实践教学课程设置在生产一线，不断拓展学生专业知识学习和实践锻炼的途径，把"中学结合、学做合一"贯穿于专业实践教学过程的始终。

## 二、以"课"促改，构建新的"三教"改革机制

第一，以课程改革为统领，构建协同创新的"三教"改革体系。课程是以教师为引导、以学生为主体、以教材为载体、以教法为实现形式的教学单元，具有统领教师、教材、教法三要素的作用。职业院校开展"三教"改革，应注重专业课程开发与建设的学科逻辑，树立专业核心课程建设的三优标准，即优秀教师、优质教材、优良教法，并以建设专业"金课"、名课为目标，统筹规划优秀教师培育、优质教材编选、优良教法创新三项工作，构建"三教"一体化改革创新机制。在构建协同创新的"三教"改革体系过程中，学校要鼓励一线教师主导实施教学方法创新，建立健全一线教师参与专业教材编订及选用的工作机制。通过开发优质的教材、创设优良的教学方法，鞭策教师自我提升，从而达到以课程改革推动"三教"协同创新的目的。

第二，以课程改革为依托，构建实践导向的"三教"改革体系。在"岗课赛证"融通的高技能人才培养中，"岗""赛""证"三者与实践密不可分。"岗

课赛证"融通的本质就是以实践为导向重塑职业院校的课程教学体系，从根本上改变我国职业教育长期以来形成的"重理论、轻实践"的局面。职业院校实施"岗课赛证"融通，要准确把握其实践导向的本质，围绕实践开展教师培育、教材编选、教法创新等各项工作。在教师培育上，突出实践能力培养的重要性，着力丰富教师的实践经验，提升教师的实操技能；在教材编选上，增加实践知识的比重，并与企业岗位实际工作任务、内容、标准和方法衔接；在教法创新上，重点关注实践教学方法和教学手段创新，借助新技术、新手段优化现有的教学方法。

### 三、以"赛"促学，构建新的学习激励机制

第一，以"赛"促教，赋能教师教学改革。技能竞赛"基于教学、高于教学"，这相当于给一线专业教师出了一道新"课题"，督促其改进教学方法，更新教学内容，提升教学成效。职业院校实施"岗课赛证"融通的高技能人才培养，学校领导和教学管理者要充分认识举办职业技能大赛对赋能教师教学改革的重要作用。通过举办并宣传大赛，引导和激励一线专业教师提升专业水平和教学能力。职业院校建立与职业技能大赛相适应的常态化资源投入机制和教学改革机制，使教学始终与职业技能大赛良性衔接、高度融合，以职业技能大赛促进教学水平和教学效能提升。

第二，以"赛"促学，赋能学生主动学习。在我国传统的职业院校学生评价体系中，要考核与评价学生所取得的学习成果，通常只有专业考试这一种评价手段，局限性很大。良好的竞赛体系与制度进入高职人才培养中，有利于培养学生的职业素养和健康的竞争意识。技能竞赛广泛公开、参与者众多、关注度高，能给予学生更多的学习空间和展示自我的机会，让学生有价值感。同时，鉴于比赛的竞技性，职业学校通过支持学生参与比赛，营造新的学习激励机制，能培养学生投入学习、奋力拼搏、积极进取的精神。

### 四、以"证"促训，构建新的人才评价机制

第一，以"证"改评，构建新的人才培养的目标定位。当代产业生产正在

朝着信息化、智能化、集成化的方向发展，企业高技能型岗位对专业人才复合能力、综合素质的要求越来越高。职业教育培养高技能人才时也需紧跟时代发展步伐，朝着综合化、复合型的方向迈进。"岗课赛证"融通本身蕴含着培养职业院校学生复合能力的诉求，学生要在学校期间初步获得企业岗位适应能力、竞争能力和实践操作能力。职业院校实施"岗课赛证"融通的人才培养模式时应当抓住引入职业技能等级证书的有利时机，依托证书内容培训与考核，重新确立人才培养目标，将高技能人才培养目标定位从过去的培养专门型人才转向培养复合型人才。

第二，以"证"促训，拓展新的人才培养评价维度。在我国传统的职业院校教学体系中，实践教学与实践评价常常流于形式，难以真正起到帮助在校学生形成专业实践能力的作用。"岗课赛证"融通是在校企"双元"育人的基础上，融入职业技能大赛和职业技能等级证书考核培训等元素，突出实践导向，有效丰富了我国职业教育人才培养的内涵，大大拓展了职业教育办学与育人的边界。职业院校实施"岗课赛证"融通，要在引入职业技能培训的同时，及时推动人才培养评价体系改革，拓展新的人才培养评价维度，把职业技能等级证书培训考核结果作为人才培养评价的重要内容，重新确立实践能力在人才培养评价体系中的核心地位，充分彰显职业教育高技能人才培养的类型特色。

学校深入贯彻落实《关于在院校实施"学历证书+若干职业技能等级证书"制度试点方案》部署要求，积极发挥专业引领作用，探索"岗课赛证"融通的人才培养模式，以提升人才培养质量为核心，积极与评价组织对接，建立高水平考核站点，加强师资队伍培养，改善实验实训条件，严格按照职业技能等级标准和专业教学标准要求，将证书培训内容有机融入专业人才培养方案，优化课程设置和教学内容，统筹教学组织与实施，深化教学方式方法改革，创新职业技能等级标准和1+X证书制度实施路径，取得了显著成效。

# 第五章

# "岗课赛证"综合育人的融通成果

"岗课赛证"综合育人的融通成果具体体现在学生能力提升、教学质量优化、校企合作深化及社会认可度提升等多个方面。首先，其使学生的知识技能、体力、耐力得到全方位提升。通过"岗课"融通，学生得以在实际岗位中学习和应用知识，从而更深入地理解和掌握相关技能。同时，"课赛"融通为学生提供展示和锻炼的平台，通过参与技能竞赛，学生的实践能力、创新精神和团队协作能力得到显著增强。此外，"赛证"融通使学生在竞赛中获得的优异成绩能够得到权威认证，进一步增强他们的自信心和职业竞争力。其次，教学质量得到了显著优化。在"岗课赛证"综合育人模式下，学校不断优化课程设置和教学方法，使课程内容更加贴近实际、教学方法更加灵活多样。同时，通过引入竞赛元素和证书认证机制，学校的教学质量和教学效果得到了有效提升，学生的学习积极性和满意度也显著提高。最后，校企合作得到了进一步深化。在"岗课赛证"综合育人过程中，学校与企业建立了紧密的合作关系，共同制定人才培养方案和课程标准，共同开展技能竞赛和证书认证等工作。这种合作模式不仅为学生提供了更多的实践机会和就业渠道，也为企业输送了更多符合需求的高素质技能型人才，实现了学校、企业和学生之间的共赢。

## 第一节 "岗课赛证"综合育人的工作做法与成效

### 一、三层次架构,推进全校 1+X 证书试点工作

1. 构建三层次组织架构

学校成立了由主要负责人担任组长的试点工作领导小组,领导小组下设办公室,办公室设在教务处,负责抓好统筹协调工作;同时牵头各学院按证书项目成立学院层面试点工作小组,形成了领导工作小组—试点工作办公室—试点工作项目组三层次的组织架构,凝聚合力为试点工作提供组织保障。在协调频率上,认真落实工作周报制度,做到每周至半月调度一次,同时运用教学例会、专题工作会等方式,多渠道开展工作部署,加强了对试点工作的领导。

2. 加强政策解读

基于三层次组织架构多渠道宣贯解读试点政策,深刻理解证书内涵。在教师层面,通过组织教师参加培训、工作研讨会等形式,加强教师对政策理念的理解,帮助教师提高认识,立足职业教育国家发展战略落实 1+X 证书试点工作;在学生层面,面向试点学生群体,通过证书说明会、网络公开课等方式开展有针对性的政策解读和动员宣传,鼓励学生更新知识储备,锻炼实践技能,调动学生参与考核评价的积极性。自 1+X 证书制度试点工作开始以来,学校累计申报"X"证书 17 项,全校 19 个专业 2050 名学生参与证书试点。

### 二、"岗课"融通,人才培养对接企业需求

1. 课程体系、课程标准与岗位对接

根据行业企业各技术领域和职业岗位(群)的任职要求,组织学校各个专

业学院参照相关职业资格标准，全面修订人才培养方案，优化技能抽查标准与题库，重构课程体系，制定或修订课程标准，一线教师展开职业岗位能力需求和课程教学适应性情况调研与分析，全面推进以课程为载体的"岗课赛证"综合育人新模式改革。我校有 7 个人才培养方案、8 个技能抽查标准与题库获评省级优秀。

2. 教材内容与岗位技能标准对接

组织教师与行业、企业共同开发紧密结合生产实际，融合新技术、新工艺、新标准、新规范的新形态一体化教材，将教材内容与岗位技能标准有效对接，提升学生专业综合能力。我校以职业能力培养为核心，厘清课程建设思路，将岗位工作过程融入教学规划与设计，更新课程教学内容，与行业企业共同开发新形态教材 80 余种，获评国家规划教材 22 种、省级优秀教材 4 种。

### 三、"课证"融通，以岗位任务设定课程目标

1. 职业技能等级、1+X 证书标准融入专业课程教学标准

以 1+X 证书和职业技能等级标准与专业课程教学之间的共同点和衔接处为切入点，优化专业课程教学标准，按照循序渐进、由易到难原则，我校试点将轨道交通电气设备装调、Web 前端开发、物联网单片机应用与开发等 10 个 1+X 证书标准分学期融入课程教学，实现专业技能等级证书与专业课程教学无缝对接。

2. 职业技能等级训练内容融入专业课程内容

对接行业、企业证书评价标准，将 1+X 证书和职业技能等级考核模块融入专业课程结构，开展模块化课程改革。根据职业技能鉴定标准和新规范、新技术、新工艺等要求，升级改造实验实训设施，更新优化专业课程教学内容，将职业技能等级训练内容有效融入专业课程教学。我校与中国中车、中国通号等企业共同开发了轨道交通电气设备装调等 8 个 1+X 证书标准和配

套的训练教材与题库。其中，对于轨道交通电气设备装调1+X证书，学校在轨道交通装备类11个专业中开展"课证"融通改革，近600人获得了技能等级证书。

### 四、"课赛"融通，提升学生专业综合素质

1. 竞赛内容与专业课程教学内容融合

学校在竞赛设置、竞赛训练、竞赛考评等环节注重工匠精神、职业素质与专业知识技能的统一，构建了"校—省—国家"三级技术技能竞赛体系，将院级技能竞赛、省级技能竞赛、全国职业技能竞赛项目嵌入理实一体化课程教学中，合理设计课程教学内容与实训项目，实行竞赛项目进教材、竞赛内容进课堂、竞赛规程工艺进实习实训的"三进"机制。2022年我校学生技能竞赛(含创新创业)共取得了国赛一等奖1项、二等奖3项、三等奖1项，省赛一等奖17项，二等奖20项，三等奖28项的较好成绩。

2. 竞赛训练与常规教学有机结合

将竞赛训练方法融入常规教学，根据技能竞赛组赛、培训经验，采用技能竞赛"微格"训练法，开展现场教学、案例教学、项目教学、讨论式教学、探究式教学；与行业、企业合作开发虚拟工厂、虚拟车间、虚拟工艺，构建多媒体仿真网络教学平台，建立虚拟仿真实训室，构建了"计算机仿真+真实设备"的实训模式，推广仿真教学。

## 第二节　物联网应用技术专业基于"岗课赛证"融通的课程体系

物联网应用技术专业以市场需求为逻辑起点，以职业岗位、技能竞赛和1+X证书的能力需求为主线，进行了人才培养方案的制订和课程体系设置。其中，职业岗位主要包括物联网系统设备安装与调试、物联网系统运行管理与维护、物联网系统应用软件开发、嵌入式技术应用与开发、物联网项目的规划和管理等；技能竞赛主要包括全国职业院校技能大赛物联网技术应用和

嵌入式技术与应用开发赛项;1+X 证书选择了智能终端设计与开发。这样最终形成了由物联网系统工程模块、物联网嵌入式开发模块、物联网前端开发模块和物联网产品销售模块组成的"岗课赛证"融通课程体系(如图 5-1 所示)。

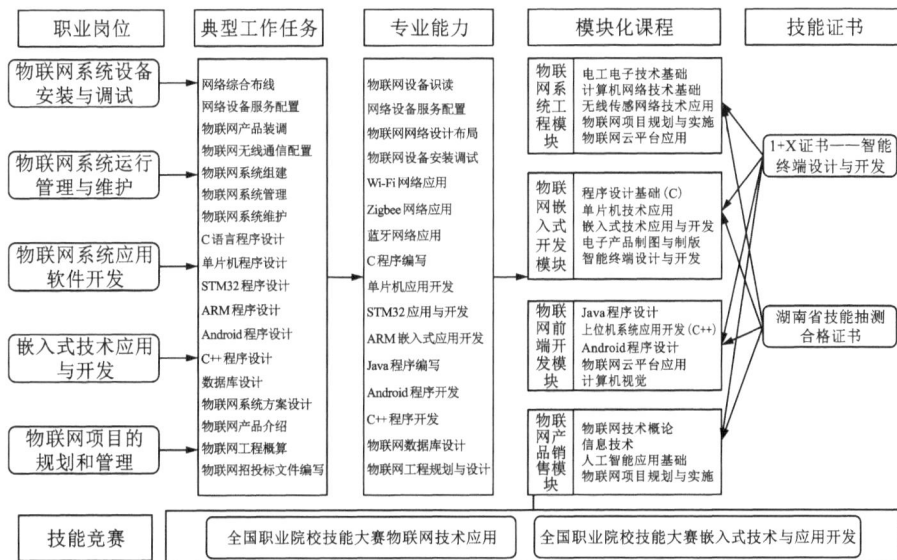

| 职业岗位 | 典型工作任务 | 专业能力 | 模块化课程 | 技能证书 |
|---|---|---|---|---|
| 物联网系统设备安装与调试 | 网络综合布线<br>网络设备服务配置<br>物联网产品装调<br>物联网无线通信配置<br>物联网系统组建<br>物联网系统管理<br>物联网系统维护<br>C语言程序设计<br>单片机程序设计<br>STM32程序设计<br>ARM程序设计<br>Android程序设计<br>C++程序设计<br>数据库设计<br>物联网系统方案设计<br>物联网产品介绍<br>物联网工程概算<br>物联网招投标文件编写 | 物联网设备识读<br>网络设备服务配置<br>物联网网络设计布局<br>物联网设备安装调试<br>Wi-Fi网络应用<br>Zigbee网络应用<br>蓝牙网络应用<br>C程序编写<br>单片机应用开发<br>STM32应用与开发<br>ARM嵌入式应用开发<br>Java程序编写<br>Android程序开发<br>C++程序开发<br>物联网数据库设计<br>物联网工程规划与设计 | 物联网系统工程模块:电工电子技术基础、计算机网络技术基础、无线传感网络技术应用、物联网项目规划与实施、物联网云平台应用 | 1+X证书——智能终端设计与开发 |
| 物联网系统运行管理与维护 | | | 物联网嵌入式开发模块:程序设计基础(C)、单片机技术应用、嵌入式技术应用与开发、电子产品制图与制版、智能终端设计与开发 | |
| 物联网系统应用软件开发 | | | 物联网前端开发模块:Java程序设计、上位机系统应用开发(C++)、Android程序设计、物联网云平台应用、计算机视觉 | 湖南省技能抽测合格证书 |
| 嵌入式技术应用与开发 | | | 物联网产品销售模块:物联网技术概论、信息技术、人工智能应用基础、物联网项目规划与实施 | |
| 物联网项目的规划和管理 | | | | |
| 技能竞赛 | 全国职业院校技能大赛物联网技术应用 | | 全国职业院校技能大赛嵌入式技术与应用开发 | |

图 5-1 物联网应用技术专业"岗课赛证"融通课程体系

## 一、专业面向的岗位能力分析

根据高职院校物联网应用技术国家教学标准要求,确定了物联网系统设备安装与调试、物联网系统运行管理与维护、物联网系统应用软件开发、嵌入式技术应用与开发、物联网项目的规划和管理 5 个岗位为物联网专业对接的典型工作岗位,对岗位进行调研和分析,其岗位能力分析如表 5-1 所示。

表 5-1　物联网岗位能力分析表

| 序号 | 职业岗位名称 | 典型工作任务 | 职业能力要求 |
|---|---|---|---|
| 1 | 物联网系统设备安装与调试 | (1)检测物联网设备、感知模块,控制模块的质量;<br>(2)安装固定物联网设备;<br>(3)连接物联网设备电路,实现设备供电;<br>(4)建立物联网设备与设备、设备与网络的连接通信;<br>(5)调整设备安装距离,优化物联网网络布局;<br>(6)配置物联网网关和短距传输模块参数;<br>(7)解决物联网产品和网络系统中的网络瘫痪、中断等故障,确保物联网产品及网络的正常运行 | (1)熟悉市场上各种物联网设备的型号;<br>(2)熟悉各种安装工具的使用;<br>(3)熟悉各种仪器仪表的使用;<br>(4)熟悉各种物联网设备的配置和使用;<br>(5)具备扎实的物联网工程技术知识和实际动手能力;<br>(6)良好的沟通协调能力、主动的学习能力和团队合作意识;<br>(7)能吃苦耐劳,具有良好的职业道德和团队合作精神;<br>(8)具有爱岗敬业精神,能适应经常加班和出差 |
| 2 | 物联网系统运行管理与维护 | (1)负责公司运维部门的管理、运维体系的建立和实施;<br>(2)建立并实施内部服务流程和标准;<br>(3)建立系统化运维流程与相关文件;<br>(4)负责公司服务器及网络的架设,保障业务正常运行;<br>(5)负责公司机器设备的架设;<br>(6)搭建运维监控体系;<br>(7)保障部门运维安全,处理运维事故,优化各项维护工作流程,不断降低系统风险;<br>(8)公司内系统运维的实施和管理工作,完善公司 IT 管理规范 | (1)学习了物联网或计算机等相关专业的知识;<br>(2)担任过运维经理或同等职务;<br>(3)精通网络搭建及调优、网络的安全监控、网络性能管理;<br>(4)熟悉 Linux 系统的安装、部署;<br>(5)良好的管理能力、沟通能力、团队精神和服务意识,能很好地组织并实施技术相关工作;<br>(6)具备面对压力能较好解决问题的能力;具有优秀的自主学习能力、自我管理能力,具有高度责任心 |

续表5-1

| 序号 | 职业岗位名称 | 典型工作任务 | 职业能力要求 |
|---|---|---|---|
| 3 | 物联网系统应用软件开发 | (1)负责 Android 端核心产品的开发与维护工作；<br>(2)解决项目过程中的各种问题；<br>(3)与其他团队成员共同完成功能模块的技术方案规划和设计 | (1)熟悉 Java、Android 的开发和测试、调试流程；<br>(2)对 Android 系统应用管理、进程管理、内存管理机制有深入的理解；<br>(3)对 Android 下的高性能编程及性能调优有深刻了解，精通高市场占有率的手机适配；<br>(4)熟悉网络编程与多线程，熟悉 TCP、HTTP/HTTPS 等协议；<br>(5)熟练掌握 JNI，有一定的 C 或 C++ 语言编程基础优先；<br>(6)掌握 Javascript，熟悉 ES6 优先，有 ReactNative 的实际项目开发经验优先；<br>(7)有较强的沟通能力，善于分析、归纳、描述，具备沟通和解决问题的能力 |
| 4 | 嵌入式技术应用与开发 | (1)负责嵌入式 Linux 系统上产品功能的设计和开发、软件的编码调试、单元测试工作；<br>(2)负责开发文档的编写，修复产品或项目的问题；<br>(3)配合产品及测试人员完成系统需求制定和测试 | (1)熟悉 ARM SOC 架构及其外围电路；熟悉 C/C++语言；有较好的算法和数据结构能力；熟悉 TCP/IP 协议栈；<br>(2)有 QT/GTK 或其他 Linux 桌面应用开发经验；<br>(3)有嵌入式 Linux 项目开发经验；<br>(4)熟悉各类工业控制总线和协议；<br>(5)具备基本的英语听说能力，熟练阅读英文资料；<br>(6)有良好的编程能力和编写文档的习惯；<br>(7)具备团队合作精神，工作态度积极和责任心较强，有良好的沟通和学习能力 |

续表5-1

| 序号 | 职业岗位名称 | 典型工作任务 | 职业能力要求 |
|---|---|---|---|
| 5 | 物联网项目的规划和管理 | (1)物联网工程项目规划、实施和管理；<br>(2)工程项目运行维护、监控、故障排除；<br>(3)工程项目优化与升级；<br>(4)业务分析管理、服务管理、信息管理 | (1)良好的沟通协调能力、主动的学习能力和团队合作意识；<br>(2)具有良好的职业道德和团队合作精神；<br>(3)具备扎实的物联网工程技术知识和实际动手能力；<br>(4)具有吃苦耐劳精神，能适应经常加班和出差 |

## 二、专业对应的技能竞赛赛项分析

根据国家高职院校技能赛项内容，物联网应用技术专业学生选择了全国职业院校技能大赛物联网技术应用和嵌入式技术与应用开发这 2 个赛项，赛项能力分析如表 5-2 所示。

表 5-2　全国职业院校技能大赛技能需求分析表

| 序号 | 赛项名称 | 主要内容 | 技能需求 | 开设课程 |
|---|---|---|---|---|
| 1 | 物联网技术应用 | (1)物联网故障维修与运行维护；<br>(2)物联网方案设计与升级改造；<br>(3)物联网应用开发与调试 | (1)物联网选型及工程设计能力；<br>(2)物联网软硬件安装调试能力；<br>(3)物联网系统搭建能力；<br>(4)物联网平台配置管理能力；<br>(5)物联网应用开发能力及职业素养 | (1)物联网技术概论；<br>(2)物联网电子基础；<br>(3)程序设计基础(C 语言)；<br>(4)无线传感网络技术应用；<br>(5)CC2530 单片机技术应用；<br>(6)嵌入式技术应用(STM32)；<br>(7)Android 程序开发；<br>(8)物联网项目规划与实施 |

**续表5-2**

| 序号 | 赛项名称 | 主要内容 | 技能需求 | 开设课程 |
|---|---|---|---|---|
| 2 | 嵌入式技术与应用开发 | (1)安全操作规范;<br>(2)嵌入式系统硬件制作与驱动开发;<br>(3)嵌入式应用程序开发;<br>(4)嵌入式边缘计算应用开发 | (1)嵌入式硬件的焊接、调试、排障、安装;<br>(2)嵌入式系统驱动及应用程序编写与调试;<br>(3)开源硬件编程与调试;<br>(4)传感器数据采集与应用;<br>(4)无线通信与控制;<br>(5)Android 应用开发;<br>(6)嵌入式视觉识别应用开发;<br>(7)嵌入式边缘计算应用开发及系统集成应用 | (1)电工基础;<br>(2)物联网电子基础;<br>(3)程序设计基础(C语言);<br>(4)计算机网络基础;<br>(5)CC2530 单片机技术应用;<br>(6)嵌入式技术应用(STM32);<br>(7)上位机系统应用开发(C++);<br>(8)Android 程序开发;<br>(9)计算机视觉 |

### 三、专业契合的1+X证书能力分析

根据国家高职院校1+X证书的发布目录和我校物联网专业的现状,选择了物联网类别中的智能终端设计与开发证书,证书能力培养要求分析如表5-3所示。

### 四、"岗赛证"融通课程体系

根据以上岗位能力需求、技能竞赛考核技能要求和1+X证书能力要求,按照将这些能力融入课程体系的思路,对物联网应用技术专业的课程体系进行了设置,具体如表5-4所示。

表 5-3  1+X 证书能力需求分析表

| 证书名称 | 主要内容 | 能力要求 | 开设课程 |
|---|---|---|---|
| 物联网智能终端开发与设计（中级） | （1）电路分析检测；<br>（2）开发环境部署与调试；<br>（3）智能终端的系统移植；<br>（4）文件与 I/O 程序开发；<br>（5）多任务程序开发；<br>（6）网络通信程序开发；<br>（7）传感器应用开发；<br>（8）图形交互界面开发；<br>（9）人工智能应用开发；<br>（10）传感网应用开发 | （1）能分析终端产品整机电路的工作原理；<br>（2）能熟练使用各种仪器；<br>（3）熟练使用终端开发的常用命令；<br>（4）能进行智能终端程序的开发和调试；<br>（5）能进行终端设备 BootLoader 程序、内核、文件系统的移植与裁剪；<br>（6）能实现文件与 I/O 设备的操作；<br>（7）能实现进程的创建与控制操作；<br>（8）能基于 TCP/UDP 协议进行网络编程；<br>（9）能基于智能系统下的 GPIO、ADC 等接口编程，实现传感信号采集及设备控制；<br>（10）能运用常见的图形控件进行界面设计；<br>（11）能实现多媒体、网络通信的应用开发；<br>（12）能编写程序实现智能终端的 Zigbee、蓝牙、Wi-Fi 等无线网络通信 | （1）物联网技术概论；<br>（2）电工基础；<br>（3）物联网电子基础；<br>（4）程序设计基础（C 语言）；<br>（5）计算机网络基础；<br>（6）无线传感网络技术应用；<br>（7）CC2530 单片机技术应用；<br>（8）嵌入式技术应用（STM32）；<br>（9）上位机系统应用开发（C++）；<br>（10）嵌入式 Linux 系统开发；<br>（11）计算机视觉 |

表 5-4  课程内容设置表

| 序号 | 模块名称 | 主要课程 | 课程内容 |
|---|---|---|---|
| 1 | 物联网基础 | 物联网技术概论 | (1)体验物联网的应用；<br>(2)追溯物联网的起源；<br>(3)了解物联网的结构；<br>(4)分析智能家居系统；<br>(5)分析智慧物流系统；<br>(6)分析智慧交通系统；<br>(7)分析智慧城市系统 |

续表5-4

| 序号 | 模块名称 | 主要课程 | 课程内容 |
|---|---|---|---|
| 1 | 物联网基础 | 电工基础 | (1)安全用电;<br>(2)直流电路;<br>(3)单相交流电路;<br>(4)三相交流电路;<br>(5)三态电路;<br>(6)磁场与变压器 |
| | | 物联网电子基础 | (1)使用仿真软件对三极管放大电路的分析与调试;<br>(2)使用仿真软件对直流稳压电源的分析与调试;<br>(3)使用仿真软件对运算放大电路的分析与调试;<br>(4)使用仿真软件对功率放大电路的分析与调试;<br>(5)使用仿真软件对正弦波振荡电路的分析与调试;<br>(6)使用仿真软件对基本门电路逻辑功能与测试;<br>(7)使用仿真软件对组合逻辑电路的分析与调试;<br>(8)触发器逻辑功能与测试;<br>(9)集成计数器的功能与测试;<br>(10)使用仿真软件对555时基电路分析与调试 |
| | | 程序设计基础（C语言） | (1)理解计算机和程序的工作原理;<br>(2)熟悉计算机编程语言的发展历程;<br>(3)熟悉程序流程图;<br>(4)熟悉各种数据类型、常量和变量;<br>(5)熟悉3种程序控制语句;<br>(6)熟悉数组指针的应用 |
| | | 计算机网络技术基础 | (1)网络操作系统安装与基本环境配置;<br>(2)网络操作系统的基本使用;<br>(3)网络操作系统下的编程;<br>(4)网络操作系统下服务器的构建;<br>(5)网络操作系统下安全环境的构建 |
| | | 面向对象程序设计（Java） | (1)Java开发环境搭建;<br>(2)流程控制结构应用;<br>(3)简单面向对象程序设计;<br>(4)继承和多态的应用;<br>(5)多线程程序编写;<br>(6)网络通信程序编写 |

续表5-4

| 序号 | 模块名称 | 主要课程 | 课程内容 |
|------|---------|---------|---------|
| 1 | 物联网基础 | CC2530单片机技术应用 | (1)硬件认知及开发环境搭建；<br>(2)程序控制LED灯；<br>(3)按键控制LED灯；<br>(4)定时器控制LED灯；<br>(5)串口收发数据；<br>(6)风扇控制及PWM应用 |
| 2 | 物联网核心课程 | 无线传感网络技术应用 | (1)Zigbee通信技术应用；<br>(2)Wi-Fi通信技术的应用；<br>(3)BLE通信技术的应用；<br>(4)NB-IOT通信技术的应用；<br>(5)LoRa通信技术的应用 |
| | | 嵌入式技术应用(STM32) | (1)如何点亮一个LED灯；<br>(2)基于STM32键控LED灯设计；<br>(3)基于STM32物联网应用开发；<br>(4)基于酒精传感器、光敏传感器、红外对射传感器、温湿度传感器、红外反射传感器、火焰传感器、磁控传感器、振动传感器等进行数据采集与处理 |
| | | 上位机系统应用开发（C++） | (1)开发环境搭建；<br>(2)HelloWorld编写、编译、运行与分析；<br>(3)窗口部件应用；<br>(4)布局管理；<br>(5)应用程序主窗口实现；<br>(6)事件处理；<br>(7)Qt对象模型与容器类应用；<br>(8)界面外观设置；<br>(9)数据存储和数据处理；<br>(10)网络编程；<br>(11)进程和线程应用；<br>(12)简单动画实现；<br>(13)RFID应用；<br>(14)应用移植 |

续表5-4

| 序号 | 模块名称 | 主要课程 | 课程内容 |
|---|---|---|---|
| 2 | 物联网核心课程 | 嵌入式 Linux 系统开发 | (1) 系统 LED 显示;<br>(2) 系统按键;<br>(3) I2C;<br>(4) 传感器采集设计;<br>(5) 串口;<br>(6) LCD 显示;<br>(7) Wi-Fi 通信;<br>(8) 高频 RFID 模块;<br>(9) Linux 系统蓝牙模块;<br>(10) Linux 系统 Qt 应用 LED;<br>(11) Linux 系统 Qt 应用传感器;<br>(12) Linux 系统 Qt 应用串口 |
| | | Android 程序设计 | (1) 项目开发环境搭建;<br>(2) 系统布局实现;<br>(3) 系统控件应用;<br>(4) 系统事件处理;<br>(5) 系统多线程应用;<br>(6) 系统保存数据到文件;<br>(7) 系统数据适配器及数据控件应用;<br>(8) 系统保存数据到数据库 |
| | | 物联网项目规划与实施 | (1) 获取用户需求;<br>(2) 撰写工程实施说明书;<br>(3) 系统工程设计;<br>(4) 工程设计方案编写;<br>(5) 系统设备选型;<br>(6) 硬件系统配置及集成;<br>(7) 软件调试环境搭建;<br>(8) 系统功能测试 |
| 3 | 专业拓展 | 物联网云平台应用 | (1) 主流物联网云平台操作;<br>(2) 多协议技术上报应用;<br>(3) 图形化界面编程;<br>(4) 数据库基本应用 |

续表5-4

| 序号 | 模块名称 | 主要课程 | 课程内容 |
|------|---------|---------|---------|
| 3 | 专业拓展 | 计算机视觉 | (1)开发环境搭建；<br>(2)数据载入、显示与保存；<br>(3)图像变换；<br>(4)图像滤波；<br>(5)边缘检测；<br>(6)色域跟踪；<br>(7)对象测量；<br>(8)对象提取；<br>(9)深度估计与分割；<br>(10)特征匹配；<br>(11)人脸检测与识别 |
| 4 | 考证课程 | 智能终端设计与开发 | (1)电路分析检测；<br>(2)开发环境部署与调试；<br>(3)智能终端系统移植；<br>(4)文件与I/O程序开发；<br>(5)多任务程序开发；<br>(6)网络通信程序开发；<br>(7)传感器应用开发；<br>(8)图形交互界面开发；<br>(9)人工智能应用开发；<br>(10)传感网应用开发 |

# 第三节　城轨运营专业"岗课赛证创"五维融通人才培养体系

全国职教大会提出推动"岗课赛证"综合育人，这可以说是对职业院校人才培养探索给予的认可与肯定，更是对综合育人的进一步促进与推动。我校城市轨道交通运营管理专业面向市场需求，近年来遵循"'岗课'对接、'岗课赛证创'融通"的原则，结合学生未来行业岗位，以城轨运营企业对岗位职业能力要求为导向，在人才培养中进一步规范专业课程标准、教学标准，并以专业核心技能标准为指导，以各级各类轨道运营类职业技能竞赛为平台，开展全方位、递进式的课程教学。基于"岗课证赛创"五维融合的城轨运营管理专业人才培养模式的探索与实践，对提高教学水平，实现课程与岗位、职业技能大赛、职业资格认证及创新创业有效衔接有着深远的影响，为未来城轨运营高技能人才培养奠定基础。

在校企融合背景下，将"岗、课、赛、证、创"融入人才培养的各环节，在教学过程中实施岗位与课程对接、职业证书与课程对接、技能竞赛与课程对接、创新创业与课程对接。岗位与课程对接就是在进行专业调研后确立岗位群及职业技能目标，把相关岗位的国家职业标准对应的理论知识、职业技能与综合素质要求贯穿到课程中；职业证书与课程对接就是按照教育部规定的"双证"要求实施毕业资格审查，将职业技能证书考试大纲与课程对接，以培养和提升学生的职业能力；技能竞赛与课程对接就是将全国技能大赛标准与课程对接，实现"以赛促教、以赛促学、以赛促训，以赛强技"，进一步提升学生的自主学习能力和可持续发展能力；创新创业与课程对接就是培养学生的创新精神和创业能力，增强学生的可持续发展力。

## 一、"岗课"对接

### 1.就业岗位分析

在确立人才培养目标及规格、制订专业培养方案时，相关人员进行了广泛的调研，深入企业了解岗位需求。成立了以企业代表为主的专业建设指导委员会，聘请企业中经验丰富的专家和地铁运营企业主要负责人进行专业教学指导和咨询。召开专业建设指导委员会会议，对专业设置、培养目标和规格、专业培养方案等进行深入研讨，还通过走访、问卷等方式进行辅助调查。最终专业培养目标及人才培养规格定位准确，符合行业发展和企业用人需求。根据调研论证城轨运营管理专业毕业生职业岗位，其中站务员是专业就业的基础岗位，入职后发展岗位主要是行车值班员、客运值班员、值班站长等，各种岗位的岗位要求如表5-5所示。

表 5-5 城轨运营管理专业毕业生就业岗位要求表

| 岗位类型 | 岗位名称 | 岗位要求 |
|---|---|---|
| 目标岗位 | 站务员 | 能完成日常客运组织、客运应急处置等工作；能胜任车站站台接发列车作业、站台门故障处置、人工准备进路等工作；能胜任 BOM 机操作、客服问询等工作 |
| 发展岗位 | 行车值班员 | 能绘制列车运行图、能胜任车站行车作业办理及信号故障处置等行车组织工作 |
| | 客运值班员 | 能胜任车站行车组织、列车运行监视、车站相关设备控制、票务运作及 AFC 设备监视、施工管理等工作 |
| | 值班站长 | 能胜任行车组织、客运服务、票务运作、基础运作等工作监督管理，发生非正常情况或应急情况时，能启动预案，协调资源，指挥现场处理的人员 |

2. 典型工作任务与职业能力分析

为实现课程与岗位工作任务的有机结合，基于对各岗位的分析，我们需要以职业岗位为主线，以工作过程为导向，选取结构化和序列化的典型岗位工作任务系统化设计教学项目，这需要对岗位典型工作任务和职业能力进行分析，具体如表 5-6 所示。

3. 以岗定课

构建专业建设与行业转型升级同步机制，专业人才培养顺应地铁行业数字化、智能化发展趋势，从传统岗位向智能运营方向转型，按照"以社会需求为导向，以能力培养为核心，以精细化全方位育人为特色，以素质提升为目标"的人才培养思路，遵循人才成长规律和教育教学规律，培养理论功底扎实，具有较强的实践能力和创新精神的复合型、创新型的高素质技术技能人才。根据新职业岗位典型工作任务，设计学习性工作任务，实现课程与岗位工作任务的有机结合。在专业课程设置中"以岗定课"，从站务员、行车值班员、客运值班员、值班站长等岗位职业技能出发，确定课程体系，具体课程体系如图 5-2 所示。

表5-6 城轨运营管理专业典型工作任务和职业能力分析表

| 职业岗位名称 | 典型工作任务 | 职业能力要求 |
|---|---|---|
| 站务员 | (1)日常客运组织；<br>(2)客运应急处置；<br>(3)列车接发；<br>(4)站台门故障处置；<br>(5)客服中心对客服务 | (1)能完成开站作业；<br>(2)能完成关站作业；<br>(3)能完成火灾应急处置；<br>(4)能组织突发客流；<br>(5)能完成急救处置；<br>(6)能接受乘客意见、建议，为乘客提供咨询服务；<br>(7)能按相关规定巡视站台，接发列车；<br>(8)能引导乘客在正常车门/屏蔽门(站台门)上下车；<br>(9)能对单个车门/屏蔽门(站台门)的常见故障做出判断、简单处理；<br>(10)能在不同情况下按规定显示手信号；<br>(11)能操作BOM机，能对自动售票机进行补充单程票、找零现金、回收单程票、钱箱、结帐列印的操作；<br>(12)能针对乘客票务事务完成客服问询服务；<br>(13)能正确保管、使用、交接票务钥匙；<br>(14)能完成长短款处理 |
| 行车值班员 | (1)列车运行图绘制；<br>(2)行车作业办理及信号故障处置；<br>(3)手摇道岔 | (1)能根据要求绘制列车运行图；<br>(2)能对联锁工作站、通信设备、环控设备、防灾报警系统、LCP盘、综合后备盘(IBP)、门禁系统按操作规程进行操作；<br>(3)能通过电视监控系统(CCTV)监控站台安全；<br>(4)能在紧急情况下采取有效措施扣停列车；<br>(5)能在信号故障的情况下操作联锁工作站；<br>(6)能完成行车组织工作；<br>(7)能完成手摇道岔操作 |

续表5-6

| 职业岗位名称 | 典型工作任务 | 职业能力要求 |
|---|---|---|
| 客运值班员 | TVM机故障处置 | (1)能完成TVM发卡模块故障处置；<br>(2)能完成TVM硬币模块故障处置；<br>(3)能完成TVM纸币模块故障处置；<br>(4)能根据客流控制的启动条件和流程，完成客流控制准备工作；<br>(5)能根据客流组织、客流控制需要播放车站广播，正确引导乘客安全进出站、上下车；<br>(6)能使用车站计算机监控、查询自动售检票设备状态，能组织开展票务工作；<br>(7)能完成与银行现金交接的工作；<br>(8)能完成长短款处理；<br>(9)能确认、指导处理乘客票务事务；<br>(10)能确认、指导应急情况下的票务处理 |
| 值班站长 | (1)运营检查；<br>(2)非正常行车组织；<br>(3)应急处置 | (1)会运营前检查；<br>(2)能进行非正常情况下的行车组织；<br>(3)能防控施工安全关键点；<br>(4)能对服务设备设施及乘客服务标准监控；<br>(5)能对票务安全监督；<br>(6)能对车站各种应急情况进行处理 |

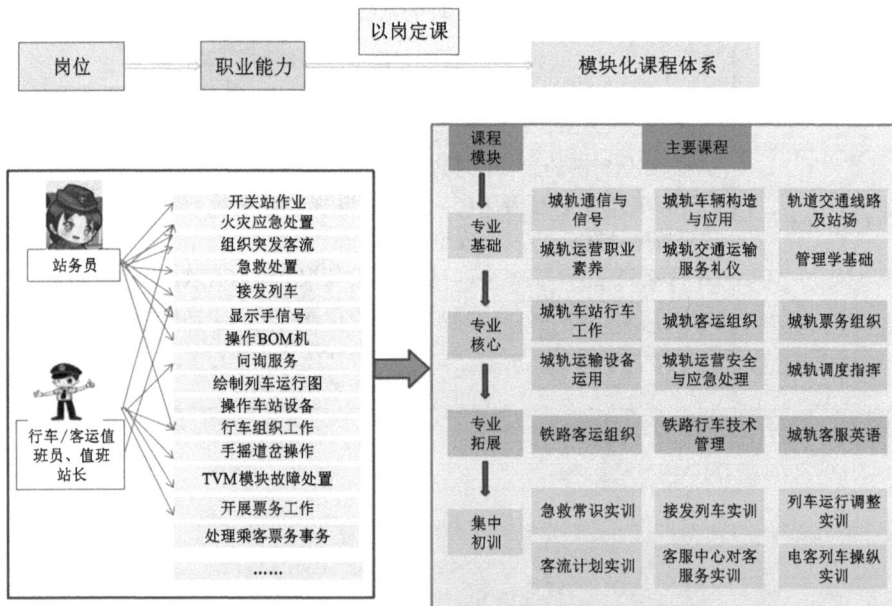

图5-2　城轨运营专业模块化课程体系

## 二、"课赛"融合

为了充分发挥职业技能竞赛的检验、激励、引领作用,在赛训一体化教学中,把赛项内容与课程内容融合,能有效提高学生学习效果。目前,城轨运营管理专业相关的竞赛有交通运输行业城市轨道交通职业技能大赛中的城市轨道交通行车值班员赛项和城市轨道交通站务员赛项,为了实现学、赛、训一体化,将竞赛内容与课程融合,并整理竞赛规范、理论知识和大赛视频,将竞赛内容和参赛的心得体会融入课程内容,将大赛的教学材料、课件、视频转化为广大学生的学习资源,将赛项标准转化为教学标准,将专业发展的前沿动态、企业对学生职业素养和技能的新要求融入课程教学内容和课程体系。城轨运营管理专业竞赛内容与课程的融合如表5-7所示。

表5-7 城轨运营管理专业竞赛内容与课程的融合表

| 赛项名称 | 组织机构 | 竞赛内容 | 融入的课程 |
|---|---|---|---|
| 城市轨道交通行车值班员 | 交通运输部 | 行车作业办理及信号故障处置 | 城轨车站行车工作 |
| | | 应急处置 | 城轨运营安全与应急处理 |
| | | 手摇道岔处置 | 城轨运输设备运用 |
| 城市轨道交通站务员 | | TVM操作和故障处置 | 城轨票务组织 |
| | | 英语问询 | 城轨客运组织 |
| | | | 城轨客服英语 |
| | | 现场火灾应急处置 | 城轨运营安全与应急处理 |
| | | 站台门故障处置 | |

## 三、"课证"融通

把职业等级证书的考试内容引入专业课程建设,使证书考取和课程学习同向而行。目前,城市轨道交通运营管理专业学生主要取得的证书是广州地铁培训学院的城市轨道交通站务(中级)职业技能等级证书。证书的取得并不是目的，而是要将职业证书等级标准融入课程体系中，使专业及时将新技术、新流程、新规范、新要求融入人才培养过程。根据证书认证中的职业技能要求，对"城轨客运组织""城轨票务组织""城轨车站行车工作"等专业核心课程内容进行补充、删减和更新，实现了专业课程学习与职业认证培训的双赢，不仅提升了专业课教学的实用性，还增强了学生学习的积极性，使专业学生在大学生涯中获得职业资格岗位证书，提高了将来就业的竞争力。城轨运营专业职业资格证书内容与课程的融合如表5-8所示。

表5-8　城轨运营专业相关职业证书分析表

| 职业技能等级证书 | 工作领域 | 工作任务 | 融入的课程 |
|---|---|---|---|
| 城市轨道交通站务（中级） | 职业素养与安全 | （1）职业道德和服务意识认知；<br>（2）职业安全和健康保障；<br>（3）消防管理和安全保障 | 城轨运营职业素养 |
| | 行车组织及施工组织 | （1）行车岗位职责认知；<br>（2）行车及相关安全设备操作；<br>（3）站台安全管理；<br>（4）非正常情况下行车组织；<br>（5）施工请销点办理 | 城轨车站行车工作 |
| | 客运服务 | （1）乘客事务处理；<br>（2）执行客流控制相关命令 | 城轨客运组织 |
| | 票务运作 | （1）售检票设备操作；<br>（2）票务组织；<br>（3）乘客票务事务处理 | 城轨票务组织 |
| | 应急情况处理 | （1）环境变化应急处理；<br>（2）设备故障应急处理；<br>（3）乘客事务应急处理 | 城轨运营安全与应急处理 |

**四、"课创"相融**

在"大众创业、万众创新"的时代，培养具有双创思维的人才显得尤为关键。所谓的双创思维，是指创新和创业的思维模式，它要求我们在面对问题和挑战时，能够跳出传统思维框架，敢于尝试新思路、新方法，并且具备将创意转化为实际行动的能力。

在这样的大环境下,创新创业不仅是一种趋势,更是人才培养模式的制高点。高等教育机构和培训机构纷纷将创新创业教育纳入教学体系中,旨在培养学生的创新意识、创业精神和实践能力。这种教育模式的核心在于激发学生的潜能,培养他们解决问题的能力,以及在不断变化的市场环境中把握机遇、应对挑战的能力。在城轨运营专业课程体系中渗透双创教育主要从以下两个方面展开。

一是理论与实践相结合的课程设计。城轨运营专业的课程体系应当融合创新创业的理论与实践,通过案例分析、项目驱动、模拟经营等方式,让学生在学习专业知识的同时,理解并掌握创新创业的基本原则和技能。这样的课程设计能够让学生在理论学习的基础上,通过实践活动加深对双创概念的理解,提升实际应用能力。

二是创新精神与创业能力的双重培养。城轨运营专业的教学不仅要注重学生专业技能的培养,还要重视创新精神和创业能力的双重塑造。这意味着在教学过程中,教师应当鼓励学生思考如何通过创新来优化城轨运营流程,提高服务质量和运营效率。同时,还应该培养学生的市场洞察力、风险评估能力和资源整合能力,使他们在未来的职业生涯中,不仅能够胜任技术岗位,还能够在必要时担当起创业的角色。

因此,城轨运营专业课程体系的双创教育,旨在通过理论与实践的结合,以及创新精神与创业能力的双重培养,为社会培养出既懂技术、又具备创新意识和创业能力的复合型人才,以适应快速发展的城轨行业和广阔的市场需求。

**五、实践成果**

1.课题研究

我校主持湖南省"十三五"教育科学规划课题"高职院校学训抽赛创五位一体培养芙蓉工匠模式研究"、湖南省职业教育教学改革研究项目"四方协同背景下'岗课证赛'高技能人才培养模式研究"、湖南省十四五教育规划课题"基于 OBE 理念的城轨类专业课程诊断与改进研究"、湖南省职业教育教学改革研究项目"基于 SOLO 理论的铁道运营专业课程诊断与改进研究"、株洲市社科职教专项"产教融合视角下轨道运营专业群数字化改造升级路径研究"等课题研究。

2. 学生技能竞赛获奖

2019 年我校学生参加湖南省教育厅组织的交通运输行业城市轨道交通服务员运营管理职业技能大赛(学生组)荣获团体一等奖 1 项、二等奖 1 项。2019 年我校学生参加交通运输部、人力资源和社会保障部、中华全国总工会、共青团中央四部委联合主办的第十一届全国交通运输行业城市轨道交通服务员运营管理赛项职业技能大赛,获全国总决赛一等奖。学生技能竞赛主要获奖情况如图 5-3 所示。

图 5-3 国赛、省赛一等奖获奖情况

3.1+X 职业技能等级证书考核

2019 年我校成功申报湖南省 1+X 城市轨道交通站务(中级)职业技能等级考证试点单位。2020 年 12 月我校第一次组织学生参加 1+X 城市轨道交通站务(中级)职业技能等级考证,参考人数 20 人,通过率 60%。2022 年 6 月我校组织学生参加 1+X 城市轨道交通站务(中级)职业技能等级考证,参考人数 20 人,通过率 100%。考证实施情况如图 5-4 所示。

**图 5-4 1+X 城市轨道交通站务职业技能等级考试**

4.创新创业大赛获奖(表 5-9)

表 5-9 运管学院创新创业大赛城运专业获奖项目数据统计

| 大赛组别 | 项目名称 | 负责人姓名 | 负责人学院 | 辅导老师 | 成员姓名 | 获奖等级 |
|---|---|---|---|---|---|---|
| 创新组 | 居间互联网广告 | 周斌凤 | 运管学院 | 马陈 | 龙钰、李霜 | 学院二等奖 |
| | Home | 吉慧泽 | | | 李晓彤、阳鎏萃 | 学院三等奖 |
| | 手工创造营 | 唐佳敏 | | | 朱文卓、周婷 | 学院一等奖 |
| | 唯一驾校 | 薛林 | | | 胡嘉怡、刘乐怡 | 学院一等奖 |

## 第四节　铁道通信与信息化技术专业"岗课赛证"综合育人培养模式的探索和实践

### 一、"专业+工作室"人才培养思路

轨道交通电务学院铁道通信与信息化技术专业与武汉凌特公司于2015年一起创建凌特创新工作室，并于2015年6月正式启动使用。凌特创新工作室与武汉凌特电子技术有限公司、湖南芒果娱乐有限公司、东莞拓扑天线有限公司等企业合作挖掘适合高职学生的实践项目，结合全国职业院校技能竞赛和行业指导委员会的通信类赛项，在企业合作和技能竞赛项目的驱动下，激励学生自主学习、自主创新。同时组织创新工作室的成员参与各类通信类的技能竞赛，让基础较好的学生在校内的创新工作室进行技能培训学习，他们在学习过程中有一定的成绩后，会吸引更多的学生参与创新工作室，以点带动面，以面带动片，激发学生强烈的学习欲望，营造好的学习氛围，全面提升通信类学生自主创新能力。

### 二、"岗课赛证"人才培养途径

#### 1.课程开发及课程资源建设

根据通信类岗位实际工作内容的需求，结合ICT新技术的发展和高职学生特点，开发契合需求的配套课程资源，工作室成员配合专业教师开发"通信原理"等课程微视频，配合专业教师开发"交换与路由技术""承载网技术""无线通信技术"等课程的活页式教材，并将课程资源通过工作室的微信公众号"铁道通信凌特工作室"发布，便于铁道通信与信息化技术专业各年级学生线上、线下自主学习。

#### 2.工作室开展竞赛项目培训

为了提升本专业全体学生的技能水平，以点带面，以面带片，工作室面

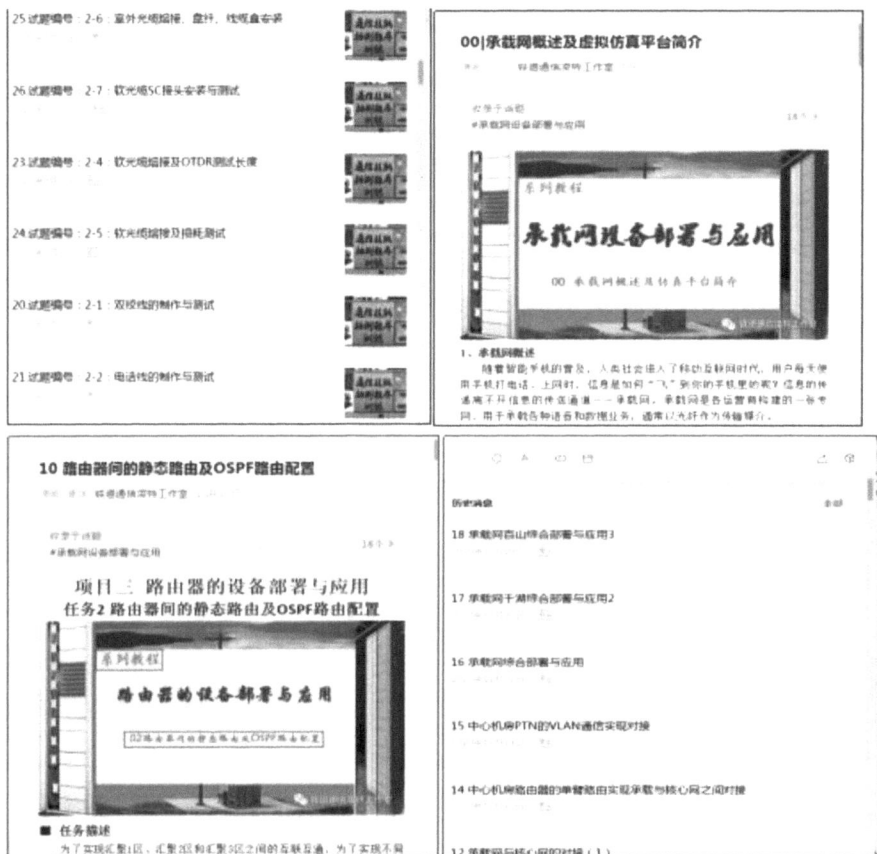

**图 5-5 工作室成员参与开发的活页式教材**

向全专业学生开展了多项技能提升活动,具体有以下几方面实践。

(1)数据通信技能培训。2020 年 3 月份张俊娟、李思琪、许微、卿闯意、陈佳颖等同学,利用晚自习和周末的时间,在华为 ENSP 平台上对低年级学生进行数据通信技能培训,提升学生路由交换的配置技能(图 5-6)。

(2)4G 全网建设技术培训。2020 年,陈善俊、姚晓庆、曹雄等工作室成员,利用晚自习和周末的时间,对 2018 级、2019 级学生进行 4G 全网建设技术培训,提升学生专业技能,集体备战湖南省职业院校技能赛项(图 5-7)。

图 5-6 工作室成员进行数据通信技能培训

图 5-7 4G 全网建设技术培训

（3）协助技能鉴定考证。2019 年工作室成员协助教师完成铁路通信工技能鉴定（理论知识整理），把理论题库编写在蓝墨云班平台上，促使本专业鉴定取得通过率 95.5%（图 5-8）的成绩。

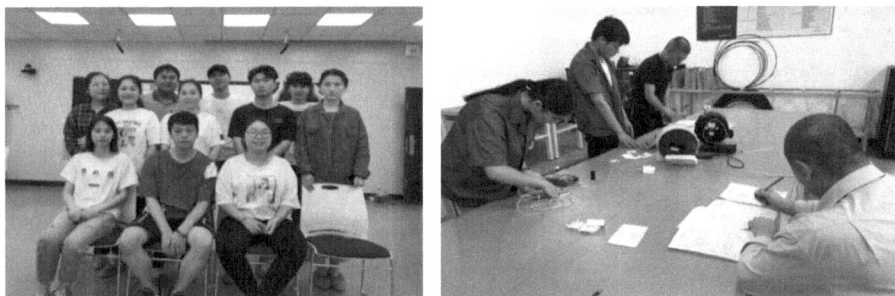

图 5-8　工作室成员协助教师完成技能鉴定考证

（4）协助新生专业交流。2020 年，凌特创新工作室成员均参与铁道通信与信息化技术专业新生专业交流，让入校新生对专业的整体学习内容有了基本了解。在新生教育的交流会上，工作室成员分别展示了 4G 全网建设技术的专业技能、交换机及路由器的配置技能、网线、电话线制作的技能及光纤熔接等专业技能（图 5-9）。

（5）新成员选拔。每年工作室成员会换届，均是由原工作室成员组织新成员的选拔工作，近年分别选拔了 2020 级、2021 级、2022 级新成员 36 名（图 5-10）。

3. 举办各类校内赛，营造竞赛氛围

为提升全专业学生的综合技能水平，凌特创新工作室与大唐设备移动通信有限公司、武汉凌特电子技术有限公司合作承办"第六届大唐杯移动通信技能大赛"，其中湖南区省赛共 24 人获奖；采用华为模拟器 ENSP 平台，举办了"第三届数据通信技能大赛"，共 18 人获奖；使用武汉凌特电子技术有限公司开发的通信原理实训平台、通信线路实训平台，举办了"第二届通信系统联调技能大赛"，共 12 人获奖；使用深圳艾优威科技有限公司的4G&Pre5G 虚拟仿真平台，举办了"第一届 4G 全网建设技术技能大赛"，共12 人获奖；使用南京柯姆威科技有限公司的铁路通信全网虚拟仿真平台，举办了"第一届铁路通信全网部署与应用技能大赛"，共 18 人获奖；举办了"第二届 4G 全网建设技术技能大赛"，共 8 人获奖（图 5-11）。

**图 5-9　工作室成员协助新生专业交流**

图 5-10　工作室成员选拔

图 5-11　工作室举办各类校内赛

2019 及 2020 年举办的竞赛的参赛选手包含 2017 级、2018 级、2019 级、2020 级铁道通信与信息化技术专业在校生，对于参与人数多的赛项，分别组织了预算和决赛，获奖名单如表 5-10 所示。

表 5-10　铁道通信与信息化技术专业技能竞赛（校内）获奖名单

| 比赛项目 | 举办时间 | 一等奖 | 二等奖 | | 三等奖 | | |
|---|---|---|---|---|---|---|---|
| 第三届数据通信技能大赛 | 2019 年 4 月 | 张　申 陈善俊 姚晓庆 | 李思琪 许　微 唐一哲 | 刘添财 王金平 叶荣富 | 张永芝 李　信 申俊杰 | 钟辛华 杨　利 李景能 | 邹　镱 文卓玲 |
| 第二届通信系统联调大赛 | 2019 年 11 月 | 陈善俊 曹　雄 | 姚晓庆 童逸人 | 伍太韦 申俊杰 | 黄新宇 曾　辰 | 姜婧怡 赵　波 | 李景能 王　祥 |
| 第一届 4G 全网建设技术大赛 | 2019 年 11 月 | 张俊娟 陈善俊 | 李思琪 刘添财 | 曹　雄 叶荣富 | 李　曦 任　伟 孙婉莹 | 唐一哲 刘传欣 | 姚晓庆 李　达 |
| 第一届铁路通信全网部署与应用大赛 | 2019 年 12 月 | 李慧秀 朱　湘 陈　珂 | 许　微 米阳杨 陈善俊 | 袁　杨 邓　琦 孙为民 | 赵　波 申俊杰 曹　雄 | 李景能 伍太伟 叶荣富 | 刘添财 王　祥 张　驰 |
| 第二届 4G 全网建设技术大赛 | 2020 年 10 月 | 曹　雄 侯　旺 | 姚晓庆 | 刘添财 | 李景能 叶一龙 | 王　鸿 | 赵　波 |
| 第四届数据通信技能大赛 | 2021 年 5 月 | 何海鹏 赵　波 | 白思杰 戴　鑫 | 袁尔聪 陈忠文 | 唐申奥 李忠祥 张永涛 | 曾　洁 刘诗韵 | 唐思思 李　行 |
| 第三届铁路通信全网部署与应用大赛 | 2021 年 12 月 | 颜学彬 李　行 | 邓腾伟 唐　帅 | 杨　阳 肖金帆 | 谢雄辉 胡俊青 张永涛 | 肖尚崇 戴钊宇 | 邓　坤 李文华 |

4.校企合作新模式，激发学生学习积极性

由铁道通信与信息化技术专业合作企业武汉凌特电子技术有限公司、深圳艾优威科技有限公司、南京柯姆威科技有限公司出资，奖励本专业排名前 5 的学生及校内比赛获奖的学生，激发学生学习积极性。

### 三、"岗课赛证"模式的培养效果

1. 参加各类技能竞赛的成果丰硕

在面向全院选拔参赛选手的过程中,工作室成员总能以优异的成绩获得各类赛事的参赛资格,且通过长期的竞赛训练能在赛事中取得优异的成绩,2019—2023 年学生获得的成绩如表 5-11 所示。

表 5-11 铁道通信与信息化技术专业学生 2019—2023 年获奖情况汇总

| 序号 | 时间 | 赛项名称 | 参赛选手 | 获奖等级 |
|---|---|---|---|---|
| 1 | 2019 年 12 月 | 2020 湖南省职业院校技能竞赛高职组 4G 全网建设技术项目 | 陈善俊<br>姚晓庆 | 省赛<br>一等奖 |
| 2 | | | 曹 雄<br>刘添财 | 省赛<br>二等奖 |
| 3 | 2020 年 5 月 | "柯姆威杯"全国物联网项目规划与实施线上技能大赛 | 姚晓庆 | 企业赛<br>一等奖 |
| 4 | 2020 年 6 月 | 第七届"大唐杯"全国大学生移动通信技术大赛省赛 | 陈善俊<br>姚晓庆<br>陈 娇<br>周 洋 | 企业省赛<br>二等奖 |
| 5 | 2020 年 8 月 | 2020"深唐杯"大学生 5G 技术与应用大赛湖南省赛移动通信技术高职组 | 姚晓庆<br>陈善俊 | 行业省赛<br>一等奖 |
| 6 | | | 周佳俊<br>覃士贵<br>邓永琪<br>邓 琦 | 行业省赛<br>二等奖 |
| 7 | 2020 年 8 月 | 2020"深唐杯"大学生 5G 技术与应用大赛湖南省赛移动通信技术高职组 | 孙为民<br>李慧秀<br>雷馨雨<br>覃 琴<br>袁 杨<br>陈 珂<br>杨书琴<br>胡仟喜<br>张 驰<br>叶荣富 | 行业省赛<br>三等奖 |

续表5-11

| 序号 | 时间 | 赛项名称 | 参赛选手 | 获奖等级 |
|---|---|---|---|---|
| 8 | 2020年10月 | 2020全国"光传输虚拟仿真线上比赛" | 姚晓庆 | 企业赛一等奖 |
| 9 | 2020年11月 | 2020"深唐杯"大学生5G技术与应用大赛总决赛移动通信技术高职组 | 周佳俊 覃士贵 | 行业国赛一等奖 |
| 10 | | | 陈善俊 姚晓庆 | 行业国赛三等奖 |
| 11 | 2020年11月 | 第四届"经世IUV杯"大学通信网络部署与优化设计大赛5G移动通信应用竞赛高职组决赛 | 陈善俊 | 行业国赛一等奖 |
| 12 | | | 曹雄 姚晓庆 | 行业国赛二等奖 |
| 13 | 2020年11月 | 第七届"大唐杯"全国大学生移动通信技术大赛国赛 | 姚晓庆 陈善俊 | 企业国赛三等奖 |
| 14 | 2020年11月 | 2020第一届全国智慧农业虚拟仿真创新设计大赛 | 姚晓庆 | 企业赛三等奖 |
| 15 | 2020年11月 | 2020"深唐杯"大学生5G技术与应用大赛总决赛移动通信技术高职组 | 周佳俊 覃士贵 | 行业国赛一等奖 |
| 16 | | | 陈善俊 姚晓庆 | 行业国赛三等奖 |
| 17 | 2020年12月 | 2021湖南省职业院校技能竞赛高职组5G全网建设技术项目 | 陈善俊 曹雄 | 省赛一等奖 |
| 18 | | | 姚晓庆 侯旺 | 省赛二等奖 |
| 19 | 2021年5月 | 2021年全国职业院校技能竞赛高职组5G全网建设技术项目 | 侯旺 邓小波 | 国赛二等奖 |
| 20 | 2021年6月 | 第八届"大唐杯"全国大学生移动通信技术大赛省赛 | 杨阳 李文华 | 行业省赛一等奖 |
| 21 | | | 唐帅 李行 | 行业省赛二等奖 |
| 22 | | | 陈其锋 邓腾伟 | 行业省赛三等奖 |

续表5-11

| 序号 | 时间 | 赛项名称 | 参赛选手 | 获奖等级 |
|---|---|---|---|---|
| 23 | 2021 年 12 月 | 2022 湖南省职业院校技能竞赛高职组 5G 全网建设技术项目 | 丁鹏飞 孙 晖 | 省赛 一等奖 |
| 24 | | | 熊国杰 肖 攀 | 省赛 二等奖 |
| 25 | 2021 年 12 月 | 第五届"经世 IUV 杯"大学通信网络部署与优化设计大赛 5G 移动通信应用竞赛高职组决赛 | 丁鹏飞 | 行业国赛决赛 二等奖 |
| 26 | | | 孙 晖 | 行业国赛决赛 三等奖 |
| 27 | | | 熊国杰 | 行业赛 优胜奖 |
| 28 | 2022 年 7 月 | 2022 年全国轨道交通通信职业技能竞赛 | 唐 帅 颜学彬 肖金凡 丁鹏飞 唐文亮 | 行业省赛 二等奖 |
| 29 | | | 戴钊宇 刘 洋 宁小旭 | 行业省赛 三等奖 |
| 30 | 2023 年 3 月 | 2023 年度"楚怡杯"湖南省职业院校技能竞赛 5G 全网建设技术 | 熊国杰 肖金帆 | 省赛 一等奖 |
| 31 | | | 戴钊宇 姚 攀 | 省赛 二等奖 |
| 32 | 2023 年 9 月 | 全国职业院校技能竞赛 5G 组网与运维 | 肖金帆 戴钊宇 | 国赛 二等奖 |

2. 专业学习成绩整体提升，学习氛围浓厚

在凌特创新工作室成员的影响下，铁道通信与信息化技术专业形成了浓厚的学习氛围，学生在各门专业课程考试中取得了优异的成绩，专业课学习排名前 20 的学生如表 5-12 所示。

表5-12  2019级专业排名(仅专业课)

| 排名 | 姓名 | 课程名称 | | | | | | | | | | 总成绩 |
|---|---|---|---|---|---|---|---|---|---|---|---|---|
| | | 铁道概论 | 通信产品装接实训 | 现代通信技术 | 计算机网络基础 | 办公软件应用 | 通信技术基础 | 数据通信实训 | 电工基础 | 电子基本功实训 | 电工基础实训 | |
| 1 | 吴 舟 | 80 | 94 | 86 | 84 | 95.5 | 90 | 95 | 93 | 71 | 89 | 877.5 |
| 2 | 戴 鑫 | 88 | 95 | 85 | 83 | 94 | 86 | 93 | 80 | 77 | 82 | 863 |
| 3 | 赵 波 | 65 | 90 | 84 | 92 | 92.2 | 91 | 100 | 98 | 75 | 74 | 861.2 |
| 4 | 陈忠文 | 79 | 95 | 90 | 87 | 95 | 91 | 95 | 71 | 75 | 78 | 856 |
| 5 | 魏昱晨 | 80 | 95 | 83 | 85 | 95 | 91 | 95 | 76 | 83 | 70 | 853 |
| 6 | 刘紫瑶 | 100 | 83 | 91 | 100 | 92.5 | 83 | 65 | 78 | 72 | 87 | 851.5 |
| 7 | 曾 洁 | 77 | 90 | 85 | 72 | 90.4 | 83 | 100 | 93 | 78 | 80 | 848.4 |
| 8 | 何海鹏 | 77 | 94 | 82 | 87 | 95 | 91 | 80 | 70 | 83 | 89 | 848 |
| 9 | 张 傲 | 98 | 90 | 95 | 100 | 64 | 76 | 68 | 87 | 83 | 86 | 847 |
| 10 | 唐思思 | 73 | 90 | 77 | 70 | 92.9 | 87 | 99 | 99 | 75 | 82 | 844.9 |
| 11 | 刘诗韵 | 72 | 85 | 77 | 72 | 91.1 | 86 | 96 | 98 | 83 | 83 | 843.1 |
| 12 | 康甲鸿 | 77 | 75 | 78 | 82 | 93.4 | 88 | 100 | 83 | 80 | 86 | 842.4 |
| 13 | 方静华 | 68 | 96 | 79 | 78 | 95 | 88 | 75 | 92 | 80 | 90 | 841 |
| 14 | 罗仕意 | 77 | 96 | 73 | 75 | 94 | 89 | 75 | 85 | 85 | 90 | 839 |
| 15 | 李 昕 | 84 | 75 | 77 | 74 | 90.8 | 91 | 93 | 96 | 72 | 82 | 834.8 |
| 16 | 李忠祥 | 79 | 94 | 79 | 83 | 93 | 90 | 80 | 73 | 73 | 90 | 834 |
| 17 | 唐申奥 | 79 | 94 | 79 | 81 | 95.5 | 89 | 80 | 63 | 81 | 88 | 829.5 |
| 18 | 胡依玲 | 66 | 89 | 89 | 90 | 95 | 87 | 85 | 72 | 66 | 90 | 829 |
| 19 | 佘 臻 | 80 | 89 | 69 | 78 | 93 | 85 | 93 | 84 | 73 | 84 | 828 |
| 20 | 成凯杰 | 75 | 75 | 71 | 75 | 93.1 | 90 | 96 | 96 | 76 | 80 | 827.1 |

铁道通信与信息化技术专业实施"岗课赛证"综合育人模式以来,学生的综合能力明显增强,获得了多种技能竞赛奖励,专业70%的学生实现对口就业。教师的服务能力也明显增强,一方面为实现对工作室优秀学生的技能强化训练,教师不断提升个人的专业技能水平;另一方面教师立足专业建设,

不断完成专业基础课和核心课的资源建设，最终实现专业综合竞争力的明显增强。学生能力的提升、教师服务能力的提升带动专业建设，工作室中教师和学生所获的成绩，会转化为专业建设的成果，推动专业不断发展，进而推动学院中心工作发展。

# 第六章

# "岗课赛证"综合育人的困境与对策

"岗课赛证"综合育人模式在实施过程中，虽然取得了一定的成效，但也面临着资源整合困难、教育与产业脱节、师资力量不足、评价体系不完善等一些困境。

## 第一节　"岗课赛证"融通过程中面临的困难与问题

### 一、资源整合困难

　　"岗课赛证"涉及教育主管部门、行业企业、高职院校与社会组织等多个利益相关主体，各方在育人过程中的权责不清晰，导致各方参与动力不足。岗位实践、课程学习、技能竞赛和职业资格证书培训需要高度的资源整合，包括企业资源、教育资源和人力资源。然而，各方面的利益诉求不尽相同，资源整合过程中可能会遇到障碍。

### 二、教育与产业脱节

　　X证书制度是新试行的职业教育制度，证书的社会认可度暂时还不高，行政主管部门的政策支持与投入力度不够，难以大范围实施、推广该制度。目前，"岗课赛证"尚未明确融通目标、融通内容、融通方法、评价方式等要素机理，导致融通育人面临重形式轻质量、重结果轻过程、重眼前轻未来的尴尬状况。教育内容与产业需求之间存在一定的脱节，导致学生在实际工作中难以适应岗位需求，影响了"岗课赛证"综合育人模式的实施效果。

## 三、师资力量不足

"岗课赛证"综合育人模式对教师的要求较高，而现有教师的专业能力可能难以满足需求，导致育人效果受限。具备实践经验和教学能力的"双师型"教师数量有限，无法满足大规模实施"岗课赛证"综合育人模式的需求。在实践过程中，部分培训评价组织过于重视服务对象规模的扩张，看重培训、教材等收费项目的开展，对培训质量和教材内容没有严格把关，存在培训内容重复、教材内容深度不够、培训教师能力不足、企业服务人员不够等问题，难以深入开展校企合作与"课证"融通。

## 四、评价体系不完善

以评促改是解决困境的有效途径，通过建立和完善评价机制，对"岗课赛证"综合育人的实施效果进行定期评估，发现问题并及时改进，从而推动育人模式的不断优化和完善。目前职业院校的评价体系往往偏重于理论知识考核，对于学生的实践能力和综合素质评价不足，这与"岗课赛证"综合育人模式的培养目标存在一定的冲突。

## 五、生成逻辑不一致

"岗、课、赛、证"四者的面向对象、实施主体和产生的需求存在区别，其生成逻辑、基本特征、价值导向不一致，四者的标准、过程和评价维度不尽相同，四者内在难以多维度深层次融合，学校也难以开展多维度深层次融合。

## 第二节　"岗课赛证"综合育人的方法路径

### 一、以岗位能力需求为起点，重构专业课程目标和教学内容

第一，强化标准引领。学校成立由"政行企校"成员组成的专业建设委员会，定期开展市场调研，定期修订专业人才培养方案，重组课程教学内容，实施行动导向教学，推动课程设置与企业实际岗位能力要求相融通、职业技能标准与课程标准相融通、大赛项目与实践项目相融通。

第二，锚定岗位胜任能力确立专业课程目标。确立岗位胜任能力培养的专业课程目标，是职业教育人才培养目标在专业课程建设工作中的具体化。职业学校的专业课程通常由多个门类、多个模块构成，每门课程的目标确立都应围绕岗位胜任能力培养的总体课程目标而定。在具体课程目标制定上，职业院校要做好与企业的联动，由一线专业教师与企业岗位技术专家共同分解岗位胜任能力，再根据岗位胜任能力的结构与学科知识结构来搭建专业课程结构，以此决定课程门类或模块，从而形成完整的以岗位胜任能力为依据的课程目标。

第三，紧扣岗位能力标准与课程目标确定专业课程体系。课程内容与岗位能力标准对接是职业院校课程内容编排的基本要求。岗位是职业的载体，职业院校要紧扣岗位能力标准并按照一定的专业学科逻辑选编课程内容，组织课程结构。职业院校建设专业课程内容时要本着"够用、实用、应用"的原则，按照"毕业即能上岗、上岗即能操作"的要求来进行规划与设计。在专业课程内容设计中，职业院校要组织一线专业教师深入企业岗位一线进行实践锻炼和调研，与企业技术专家细致梳理职业岗位技能标准涉及的各方面内容，并把相关岗位能力标准内容系统化、规范化、知识化，使其能够适应学校日常课程教学的需要，确保每项课程目标都有相应的课程内容支撑，构建起以能力为本位的专业课程体系。

## 二、以专业课程改革为引擎，推动"三教"改革的深入发展

第一，专业课程改革的核心在于内容更新与实践的结合。随着科技的进步和行业的发展，许多新兴的技术和理念需要被纳入教学体系中。这就要求我们在进行课程改革时紧跟时代的步伐，将最新的知识成果融入课程内容之中。同时，理论与实践相结合的教学模式能够使学生更好地理解和掌握知识，提高他们解决实际问题的能力。专业课程改革应注重培养学生的创新意识和批判性思维。在课程设计中，应该鼓励学生主动探索、独立思考，而不是满足于仅传授固定的知识。运用项目式学习、案例分析等教学方法，可以激发学生的学习兴趣，培养他们的创新能力和解决复杂问题的能力。

第二，实施专业课程改革时还需要重视教师队伍和教材的建设。教师是教育的主体，只有拥有高素质的教师队伍，才能保证教育质量的提升。因此，加强教师的专业发展和继续教育，提高他们的教学能力和研究水平，是推进"三教"改革不可或缺的一环。同时，教师的教学观念也需要与时俱进，教师要采用更加开放和灵活的教学方式，以适应新的教育模式。此外，教材作为知识的载体，其改革同样不容忽视。教材应当反映最新的学术研究成果和行业发展趋势，提供丰富的学习资源和多样化的学习途径。同时，对于教材的编写应当注重实用性和针对性，以满足不同层次、不同背景学生的学习需求。

第三，教法改革是实现教育目标的重要手段。在当今教育领域，随着社会的快速发展和行业需求的不断变化，传统的教学模式已经难以满足培养高素质人才的需求。传统的灌输式教学已经不能满足现代教育的要求，我们需要探索更多的互动式、参与式教学方法。利用现代信息技术手段进行教学，如网络教学、虚拟实验室等，可以为学生提供更加丰富多彩的学习体验，同时也能够提高教学效率。通过不断创新及改进教法，我们可以有效地提升教育质量，培养出更多适应社会发展需求的高素质人才。

### 三、以职业技能大赛为载体,全面提升学生综合职业能力

第一,完善职业技能大赛办赛办法。一是保障有充足的赛事资源。这就需要职业院校完善职业技能大赛办赛机制。在办赛的资源保障方面,职业院校不能仅靠一己之力,而要打开校门,实施"走出去"的战略,联合兄弟院校、行业组织、职业教育培训评价组织等主体共同投入,通过企业岗位工作项目入赛、邀请兄弟院校师生参与等方式,调动合作单位的参与积极性。二是严格赛事流程。职业院校要多向成功举办职业技能大赛的其他学校"取经",在自主办赛的实践过程中总结经验,建立适合本校教情、学情的参赛办赛办法,并形成常态化机制,推动赛事举办流程规范化、资源保障系统化。三是保证参赛信息的公开公正。职业院校要扩大大赛的参与面,提升大赛的权威性。

第二,推动职业技能大赛赛事资源普惠化。"岗课赛证"融通中的职业技能大赛要发挥出实实在在的育人作用,就需面向全体学生,走大众化的道路。为此,职业院校要努力推动职业技能大赛赛事资源普惠化。对于为了赛事举办和参赛而建设的场地、设施、设备、资源,应做到向全体师生开放;鼓励全体学生利用课余时间,自主进出赛事场地开展实践训练。赛事的奖励和成果要多元化、普惠化,对在赛事举办和参赛中表现有亮点的师生都应给予一定的物质或精神激励,以提升大赛的参与度和师生认可度。

第三,促进职业技能大赛赛事训练实战化。职业技能大赛的水平和权威性,在很大程度上取决于赛事项目是否贴近企业实际生产和服务,以及赛事训练是否贴近企业岗位工作实际。职业院校举办职业技能大赛时必须注重赛事项目和赛事训练的实战性,与行业企业共同开发赛事项目,从生产和服务工作中提炼出具有代表性的典型工作场景、核心任务,并将其作为赛事项目。职业院校要在生产性实训基地或赛事模拟仿真训练基地开展赛事的训练,并尽可能吸纳行业发展前沿的技术、工艺、标准,发挥职业技能大赛的标杆、导向和引领作用。

### 四、聚焦职业技能等级证书，构建育训并举人才培养体系

第一，确保证书质量，开发与引入高标准职业技能等级证书。在"岗课赛证"一体化育人模式中，职业技能等级证书是检验学生技能水平的重要凭证。为了确保证书的高质量，我们需要开发与引入高标准的职业技能等级证书。这些证书应当能够准确反映行业需求和技能标准，与国际认证体系对接，提高证书的国际认可度。

为了实现这一目标，教育部门和行业协会需要紧密合作，进行深入的市场需求调研。通过调研，我们可以了解行业对技能人才的具体需求，以及行业技能标准的最新动态。同时，为了保证证书的权威性和公正性，我们需要引入第三方评估机构，使其对职业技能等级证书的质量进行客观评价。这些评估机构应具备丰富的行业经验和专业的评估能力，能够对证书的内容、难度、实用性等方面进行全面评估，确保证书的质量符合行业要求。

第二，提升培训实效，加强职业院校职业培训能力建设。在"岗课赛证"一体化育人模式中，职业院校是职业技能培训的主要场所。为了提升培训实效，职业院校需要加强职业培训能力建设。首先，相关部门需要加大对职业院校的投入，更新教学设施，引进先进的技术和教学方法。通过更新教学设施，学校可以为学生提供更加先进、实用的学习环境；通过引进先进的技术和教学方法，学校可以提高教学效果，帮助学生更好地掌握职业技能。其次，职业院校应与企业建立紧密的合作关系。企业是职业技能培训的重要参与者和受益者，通过与企业的合作，学校可以更好地了解行业需求和技能标准，为学生提供更加贴近实际工作环境的培训机会。同时，企业也可以为学生提供实习机会和就业机会，帮助他们更好地融入社会。最后，职业院校还应定期邀请行业专家进行讲座和指导。行业专家具有丰富的实践经验和深厚的专业知识，他们的指导可以帮助学生更好地了解行业动态和技术发展趋势，提高他们的职业素养和竞争力。

第三，维护考核公正，强化职业技能等级证书考核管理。在"岗课赛证"一体化育人模式中，职业技能等级证书的考核管理是保证证书质量的关键环

节。为了确保证书考核的公正性和有效性，学校需要建立一套严格的考核管理体系。首先，学校需要制定统一的考核标准。这些标准应该基于行业需求和技能标准而制定，确保考核内容与实际工作需求相符。同时，考核标准应该具有可操作性和可衡量性，方便考核人员进行评分和比较。其次，学校需要培训专业的考核人员。这些考核人员应该具备丰富的行业经验和专业的评估能力，能够准确判断学生的技能水平并给出公正的评分。为了确保考核人员的专业性和公正性，学校需要对他们进行严格的选拔和培训。最后，学校还需要使用科学的评分方法。评分方法应该基于考核标准制定，能够全面、客观地反映学生的技能水平。同时，评分方法应该具有可操作性和可复制性，方便不同考核人员之间的比较和交流。

## 五、以"岗课赛证"综合育人一体化设计为突破点，促进多要素的全方位、全过程融合

第一，职业院校应以课程建设为核心，依托"课证融通""赛教融合"等教学成果，对"岗、课、赛、证"四要素的连接、整合进行一体化设计，在此过程中要明确学校、企业等各主体责任，实行全员、全过程、全方位育人。

第二，职业院校应确保对"岗"的需求认知准确而有代表性，保证所选择的"赛"和"证"的品质和规格，按照系统构建、对接融合、模块序化、学测一体的方式实施课程教学改革。

第三，职业院校在师资队伍上应整合"岗、课、赛、证"的四方人员，消除制度壁垒，建立联合有效的推进制度和实施方案，避免各元素推进的重复与冲突，构建多元结合的工作格局。同时，职业院校要重视"岗课赛证"学习成果的相互转化，逐步健全工作考核、激励与评价机制。

第四，职业院校应严格遵循岗位标准、课程标准、竞赛标准的整合原则，以学生为中心，积极连接产业、教育、竞赛、证书四大系统，将学生能力培养综合化、一体化，向企业和社会输出高质量技术技能人才。

## 第三节 创新"岗课赛证"四维评价模式

职业教育实施"岗课赛证"综合育人时需要建立与其相适应的人才培养质量评价机制,积极创新"岗课赛证"四维评价模式。

**1. 建立多元化人才培养质量评价体系**

职业教育"岗课赛证"综合育人本身是一种将产业要素、职业要素、教育要素等整合融汇而形成的一种社会化人才培养模式,在建立与之相应的人才培养质量评价机制时要注重人才培养质量评价的多元化,丰富人才培养质量评价的维度。在评价标准设计上,应以专业为单位,依据企业岗位用人标准,围绕岗位胜任能力,制定教学质量评价标准和人才培养质量评价标准;在评价方式上,应根据专业课程、职业技能大赛、行业认证的具体情况,采用凸显多元化特征的四维评价模式,即与"岗"对应的企业评价、与"课"对应的学校评价、与"赛"对应的社会评价、与"证"对应的行业评价。通过综合企业、学校、社会、行业四个领域的评价结果,形成立体化、多维度的人才培养质量评价体系。

**2. 建立兼顾过程与结果的人才培养质量评价办法**

检验和评价"岗课赛证"综合育人的最终成效时,既要关注人才培养过程,也要重视人才培养最终成果。关注人才培养过程有利于发现职业院校"岗课赛证"综合育人模式的不足和缺陷;重视人才培养最终成果是科学评价职业院校"岗课赛证"综合育人质量与成效的必然要求。职业院校在日常教学过程中应建立随堂考评的人才培养质量保障制度,即在模块化任务式课堂教学过程中由教师根据学生的课堂学习和实操表现随堂考评打分,并作为学生学习过程评价的依据。除此以外,职业院校还应基于学生岗位技能习得的阶段性特征,建立包含月度考核、学期考核与年度考核的周期性评价制度,定期对学生进行专业知识与实操技能的考评,以此作为学习结果考评的依据。对学生的考核内容可分为理论知识考试和操作技能考核两部分。其中,操作技能考核主要考核学生的职业素养和技能水平,对于职业素养宜采用过程性评价,技能水平考核则应融合过程性评价和结果性评价,以确保职业技能人才培养评价的全面化和科学化。

3.加强"岗课赛证"融通派生相关项目任务指标评价设计

在绩效指标体系构建中,应着力强化职业教育特色,通过增强绩效评价指标的科学合理性,突出教师的应用技术研发成果,包括新工艺研发,为企业解决生产技术难题等。深化"岗课赛证"融通,加强校企合作,"双导师"协作共进,拓展人才"轮岗"培训交流路径,研发行业新技术,提升学生岗位实战能力,增强专业技能和课程学习的契合度。在优化专业实践教学过程中应充分发挥学校及企业的比较优势,实现优势资源的共享,共同创建实践实训平台。完善"岗课赛证"融通派生工作量的绩效转化,构建二级学院"岗课赛证"融通教师绩效评价内容的指标设计。

第一,"岗课赛证"融通中"岗"的方面,结合学校、二级学院自身实际,可以把创新创业指导、对外社会服务、校企合作、聘为"创新创业导师"、设立学校专业名师工作室、进驻区域创业园、进行职业技能培训指导工作、创新创业竞赛获奖、"双师型"教师指导学生顶岗实习、孵化推荐学生实习、推荐学生就业成功率等纳入教师绩效评价指标体系中,按照教师类型、职称、年龄制定绩效考核标准,让绩效评价指标"说话",让绩效指导工作,鼓励教师发掘潜能,整合资源,为高职院校培养高技能专业人才站好岗。

第二,"岗课赛证"融通中"课"的方面,建议强化课程教学效果绩效评价指标设计,完善教师课堂"听课督查"绩效评价,具体可从以下三方面进行。一是考查教师是否根据专业岗位要求设计课堂学习任务,安排合适的课堂实训技能锻炼;二是考查教师是否在教学过程中对标专业技能竞赛或专业实践特色课程要求,给学生一定的示范指导;三是考查课程学习内容是否与行业资格考试或1+X证书考试有一定结合。加分项作为方向性的绩效激励指引会给予教师在教改中查找不足和提升教学水平的动力。同时,强化教师课改教改绩效评价指标设计,将教学竞赛的能力要求贯穿教师日常教学,鼓励教师积极加入课程建设和课改教改项目团队，以研促改，提升教育教学质量。

第三，"岗课赛证"融通中"赛"的方面。一是针对参赛获奖队伍依照国家、省级、行业、校级等获奖级别进行有一定区别的绩效奖励和评价结果运用；二是鼓励尽量多的师生参与竞赛，给予参赛队伍备赛、参赛的经费支持，其中考虑一定的学生经费；三是二级学院应重视赛前、赛中和赛后的有效组织，发挥职能部门的平台作用。赛前注重新标准的引领与培训；赛中注重校企联动资源共享；赛后注重以赛促教，"课赛"融通，特别是"荣誉讲堂"激励积分点的打造，并合理进行工作量的转化。竞赛项目获奖代表着学校师生最高竞技水平，鼓励获奖师生受邀参加"荣誉讲堂"并分享参赛经验，扩大竞赛受益师生面，从而形成以赛促教"头脑风暴"，激励更多师生参赛，打开新思路，创造新成绩。这样可打破少数优秀师生参赛、少数师生获益的壁垒，让高职院校更多师生成为"岗课赛证"融通综合育人的受益者。

第四，"岗课赛证"融通中"证"的方面。一是教师绩效评价体系中应有教师指导学生参加1+X技能证书培训学习的人数和过关率等指标设计；二是结合年底教师绩效考核，对1+X职业技能证书培训项目，以一门课程56学时/项工作量进行认定，计算课时、课酬；三是将1+X职业技能证书培训纳入学院人才培养方案，让1+X职业技能证书培训走进课堂教学，成为高职院校人才培养的常态；四是加强行业引领和校企合作，让行业、企业优秀人才加强交流，"换位培养"，提升高职院校1+X职业技能证书培训水平，并按照学生获得1+X证书的合格率统计进行绩效奖励。在优化高职院校"岗课赛证"融通评价指标体系过程中，应以"引导教师，激励教师"为核心，紧紧围绕高职院校特色办学的总体目标，以二级学院为单位，强化重点工作和任务目标的完成。在绩效评价指标设计上广泛征求教师意见，挖掘教师普遍关注的"激励点"，设计构建出更具引导性、科学性和合理性的绩效评价指标体系；让教师对照考核指标，清楚绩效目标，加强自我管理，查补短板，实现自我超越，在个人、团队的比学赶超中，实现学校师资队伍水平的整体提升。

"岗课赛证"融通的实质是标准、内容、过程、评价等育人要素及人、财、物、环境、文化等资源的融合。学校与有关企业合作共建实习实训基地，引入企业内部认证的各类岗位证书标准,将其融入课程内容,将企业真实业务引入课堂,动态调整课程模块,按企业标准对学生进行考核,为企业输送合格人才。学校与企业共建生产性实训基地,牵头组建职教集团,成立产业学院,以职业技能等级证书中的技能实训标准和技能竞赛标准升级改建各类实验实训室、企业工作室、创新基地。同时,学校可通过建设教师支持中心,推行"以老带新"、开展企业顶岗培训、实施出国访学研修项目,不断提升教师"双师"素质。

结合"岗课赛证"融通的新任务,形成线上线下联通的高职院校、二级学院(部门)和教师个人三级联动反馈网,做好信息沟通,分阶段定时完成"岗课赛证"融通绩效评价反馈工作。要重视二级学院在教学交流研讨中的抓手作用,搭建反馈、沟通平台,让二级学院完成"岗课赛证"融通目标任务的优秀骨干教师和参赛带队的实战教师"以优带良""以老带新",多给予普通教师竞赛实践交流机会和1+X职业技能证书培训的经验指导与建议,让更多普通教师参与"岗课赛证"融通目标任务。搭建"以赛促学"及"赛课"融通学生评价、同行评价和专家评价的反馈交流平台,打破参赛报名人数限制,让更多师生在"岗课赛证"融通信息反馈和资源共享中成长受益。

总之,"岗课赛证"融通是职业教育人才培养的改革创新模式。职业院校要深入贯彻落实国家职业教育改革要求,主动探索,积极实践,结合学校人才培养定位,形成适合自身特色的"岗、课、赛、证"四位一体、深度融合的有效机制和推进路径,为经济高质量发展培养出更多的高素质、复合型高技能人才。

# 第七章

# "岗课赛证"综合育人的实践

# 第一节　计算机类专业"岗课赛证"综合育人案例

## 案例一　数字媒体技术专业

### 基于"岗课赛证"融通的模块化课程体系构建与实施

#### 一、实施背景

2021年4月召开的全国职业教育大会提出，"要一体化设计中职、高职、本科职业教育体系，深化三教改革，推进'岗课赛证'综合育人"。2021年10月中共中央办公厅、国务院办公厅印发了《关于推动现代职业教育高质量发展的意见》，提出"完善'岗课赛证'综合育人机制，按照生产实际和岗位需求设计开发课程，开发模块化、系统化的实训课程体系，提升学生实践能力……普遍开展项目教学、情境教学、模块化教学，推动现代信息技术与教育教学深度融合，提高课堂教学质量"。由此可见，国家层面已把探索"岗课赛证"综合育人，开发模块化、系统化的实训课程体系及开展模块化教学作为完善职业教育人才培养体系、提高课堂教学质量、提升人才培养质量的重要抓手，也为推进职业院校的人才培养模式改革和课程改革指明了新的方向。

## 二、主要做法

1. 数字媒体技术专业"岗课赛证"融通模块化课程体系构建

通过实地走访、会议访谈、问卷调查和资料检索等多种方式进行调研，确定数字媒体技术专业对口的典型工作岗位为平面设计、UI 设计、网页设计、Web 前端开发、VR 设计，岗位典型工作任务与职业能力分析如表 7-1 所示。

表 7-1　典型工作任务与职业能力分析

| 职业岗位名称 | 典型工作任务 | 职业能力要求 |
|---|---|---|
| 平面设计 | (1)图像采集；<br>(2)图形制作；<br>(3)图像处理；<br>(4)数码照片处理；<br>(5)字体设计；<br>(6)图案设计；<br>(7)标志设计；<br>(8)图标设计；<br>(9)广告设计 | (1)方法能力：<br>①培养自主学习能力和查阅资料能力；<br>②培养审美能力；<br>③培养创新能力；<br>④培养分析问题、解决问题的能力<br>(2)社会能力：<br>①培养沟通技巧和人际交往能力；<br>②培养组织能力和团队协作能力；<br>③培养勇于创新、敬业乐业的工作作风；<br>④培养自我管理、自我约束能力；<br>⑤培养良好的职业道德；<br>⑥培养环保意识、质量意识、安全意识<br>(3)专业能力：<br>①能采集图像；<br>②能完成图形制作与图像处理；<br>③能设计与制作广告；<br>④能完成平面设计 |

续表7-1

| 职业岗位名称 | 典型工作任务 | 职业能力要求 |
|---|---|---|
| UI 设计 | (1)移动图标设计；<br>(2)移动交互设计；<br>(3)移动界面设计；<br>(4)移动动效设计 | (1)方法能力：<br>①培养自主学习能力和查阅资料能力；<br>②培养审美能力；<br>③培养创新能力；<br>④培养分析问题、解决问题的能力<br>(2)社会能力：<br>①培养沟通技巧和人际交往能力；<br>②培养组织能力和团队协作能力；<br>③培养勇于创新、敬业乐业的工作作风；<br>④培养自我管理、自我约束能力；<br>⑤培养良好的职业道德；<br>⑥培养环保意识、质量意识、安全意识<br>(3)专业能力：<br>①能设计移动界面；<br>②能进行移动交互设计；<br>③能进行移动动效设计 |
| 网页设计 | (1)网页图形设计与制作；<br>(2)网页图像处理；<br>(3)网页特效制作；<br>(4)网页版面与布局设计；<br>(5)美化修改网页页面；<br>(6)网页设计与制作 | (1)方法能力：<br>①培养自主学习能力和查阅资料能力；<br>②培养审美能力；<br>③培养创新能力；<br>④培养分析问题、解决问题的能力<br>(2)社会能力：<br>①培养沟通技巧和人际交往能力；<br>②培养组织能力和团队协作能力；<br>③培养勇于创新、敬业乐业的工作作风；<br>④培养自我管理、自我约束能力；<br>⑤培养良好的职业道德；<br>⑥培养环保意识、质量意识、安全意识<br>(3)专业能力：<br>①能处理网页素材；<br>②能制作网页特效；<br>③能设计网页界面；<br>④能制作网页 |

**续表7-1**

| 职业岗位名称 | 典型工作任务 | 职业能力要求 |
|---|---|---|
| Web 前端开发 | (1)Web 产品的前端修改调试和开发；<br>(2)Web 产品的性能优化；<br>(3)Web 产品前端框架及其组件的设计和管理 | (1)方法能力：<br>①培养自主学习能力和查阅资料能力；<br>②培养审美能力；<br>③培养创新能力；<br>④培养分析问题、解决问题的能力<br>(2)社会能力：<br>①培养沟通技巧和人际交往能力；<br>②培养组织能力和团队协作能力；<br>③培养勇于创新、敬业乐业的工作作风；<br>④培养自我管理、自我约束能力；<br>⑤培养良好的职业道德；<br>⑥培养环保意识、质量意识、安全意识<br>(3)专业能力：<br>①能制作网页；<br>②能开发网站；<br>③能进行网站的测试 |
| VR 设计 | (1)VR 场景制作；<br>(2)三维建模；<br>(3)VR 交互设计 | (1)方法能力：<br>①培养自主学习能力和查阅资料能力；<br>②培养审美能力；<br>③培养创新能力；<br>④培养分析问题、解决问题的能力<br>(2)社会能力：<br>①培养沟通技巧和人际交往能力；<br>②培养组织能力和团队协作能力；<br>③培养勇于创新、敬业乐业的工作作风；<br>④培养自我管理、自我约束能力；<br>⑤培养良好的职业道德；<br>⑥培养环保意识、质量意识、安全意识<br>(3)专业能力：<br>①能制作三维模型；<br>②能设计与制作 VR 场景；<br>③能进行 VR 交互设计 |

与数字媒体技术专业相关的竞赛项目有全国职业院校技能大赛"虚拟现实(VR)设计与制作"赛项、湖南省大学生公益广告大赛和全国大学生广告艺

术大赛，竞赛内容与专业课程的融合如表7-2所示。

**表7-2　专业相关竞赛分析**

| 赛项名称 | 组织机构 | 主要内容 | 拟融入的课程 |
|---|---|---|---|
| 虚拟现实（VR）设计与制作 | 全国职业院校技能大赛组委会 | VR建模 动作交互制作 | Photoshop图像处理 三维建模 |
| | | VR引擎制作 VR项目设计 | 程序设计基础 VR设计与制作 |
| 湖南省大学生公益广告大赛 | 湖南省教育厅 | 平面广告设计 | 设计构成 图形制作 Photoshop图像处理 摄影摄像 字体与图案设计 广告创意与设计 |
| | | 互动广告设计 | 移动界面设计 界面动效设计 交互设计 移动H5页面制作 |
| | | 广告策划 | 广告创意与设计 |
| 全国大学生广告艺术大赛 | 全国大学生广告艺术大赛组委会 | 平面广告设计 | 设计构成 图形制作 Photoshop图像处理 摄影摄像 字体与图案设计 广告创意与设计 |
| | | 互动广告设计 | 移动界面设计 界面动效设计 交互设计 移动H5页面制作 |
| | | 广告策划 | 广告创意与设计 |
| | | 广告文案设计 | 广告创意与设计 |

与数字媒体技术专业相关的职业技能等级证书是界面设计（初级）、界面

设计(中级),证书内容与专业课程的融合如表7-3所示。

表7-3 专业相关证书分析

| 职业资格证书/职业技能等级证书名称 | 工作领域 | 工作任务 | 拟融入的课程 |
|---|---|---|---|
| 界面设计(初级) | 设计基础应用 | 平面构成基础应用<br>色彩设计基础应用<br>版式设计基础应用 | 设计构成<br>界面设计职业技能等级证书考试 |
| | | 图形设计基础应用<br>字体设计基础应用 | 字体与图案设计<br>界面设计职业技能等级证书考试 |
| | 平面设计 | 图像处理 | Photoshop图像处理<br>界面设计职业技能等级证书考试 |
| | | 图形处理 | 图形制作<br>界面设计职业技能等级证书考试 |
| | 界面设计 | iOS/安卓设计规范<br>视觉设计基础 | 移动界面设计<br>界面设计职业技能等级证书考试 |
| | | 产品开发流程应用<br>交互设计理论应用<br>交付文档与对接 | 交互设计<br>界面设计职业技能等级证书考试 |
| 界面设计(中级) | 交互设计 | 需求挖掘分析<br>信息架构梳理分析<br>交互框架设计<br>原型设计 | 交互设计<br>界面设计职业技能等级证书考试 |
| | 动效设计 | 动效设计理论应用<br>AE基础使用<br>界面动效设计<br>动效参数文档应用 | 界面动效设计<br>界面设计职业技能等级证书考试 |
| | 网页设计 | 网站建设基础应用<br>网站建设进阶应用<br>网站建设高阶应用 | 网页设计与制作<br>网页界面设计<br>网页布局与美化<br>界面设计职业技能等级证书考试 |

数字媒体技术专业面向工作岗位、竞赛项目和相关技能证书,最终形成"岗课赛证"融通模块化课程体系,包括平面设计模块、UI 设计模块、网页设计模块、Web 前端开发模块和 VR 设计模块,每个模块都包括专业基础课、专业核心课、专业拓展课和集中实训课,具体如图 7-1 所示。

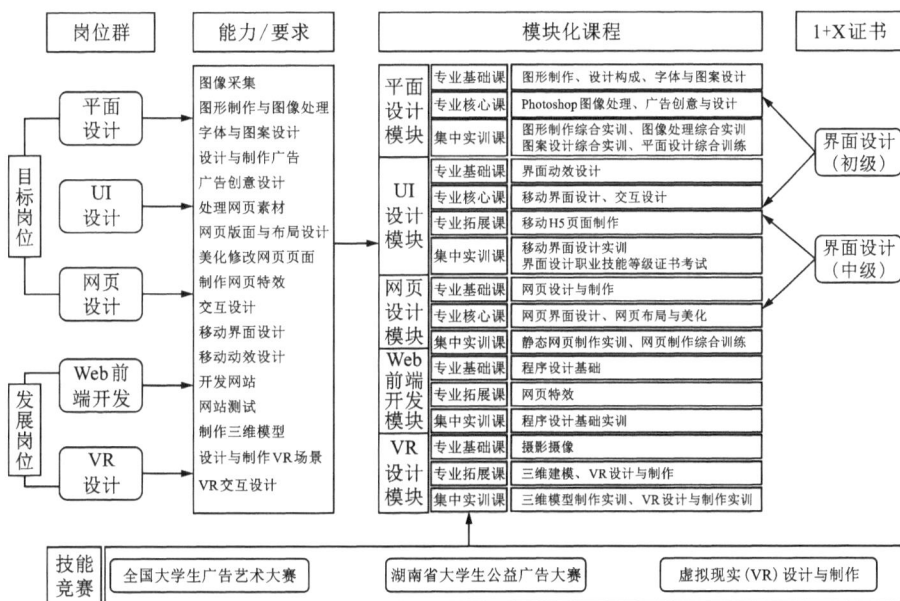

**图 7-1 数字媒体技术专业"岗课赛证"融通模块化课程体系结构图**

2. "岗课赛证"融通模块化课程建设与实施——以 Photoshop 图像处理课程为例

根据专业面向的平面设计、UI 设计、网页设计这三个职业岗位典型工作任务,校企合作共建课程,以数字媒体创新工作室承接的真实工作项目为教学载体,根据"1+X 界面设计证书标准"中图像处理工作任务所对应的职业技能要求,重构课程内容,将课程划分为 4 大模块、12 个教学项目、4 个综合实践项目,在项目中融入人生态度、法制意识、社会公德、文化自信、爱国强国、工匠精神等思政元素,课程实施过程中组织学生参加湖南省大学生公益广告大赛、全国大学生广告艺术大赛等设计类竞赛,实现"岗课赛证"融通。

其中,"岗课赛证"融通的 Photoshop 图像处理模块化课程结构如图 7-2、图 7-3 所示。

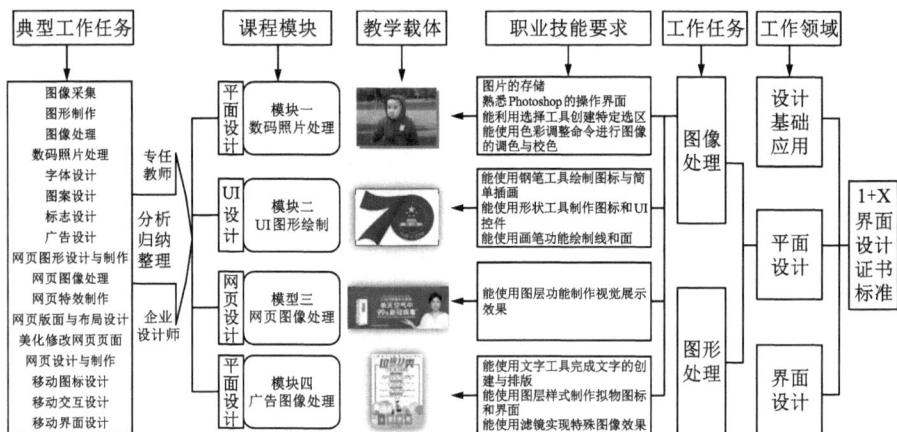

图 7-2 "岗课赛证"融通的 Photoshop 图像处理模块化课程结构图 1

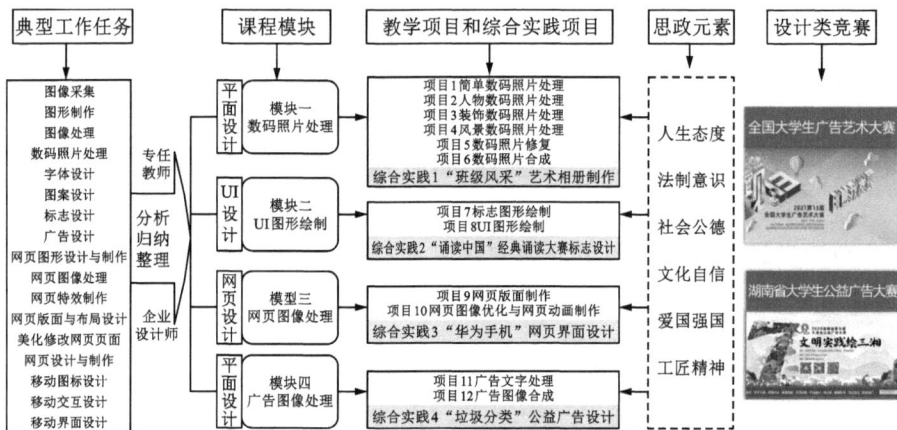

图 7-3 "岗课赛证"融通的 Photoshop 图像处理模块化课程结构图 2

基于"翻转课堂"教学理念,设计了思政引领下的"三阶段六环节"线上线下混合教学模式。从人生态度、法制意识、社会公德、文化自信、爱国强国、工匠精神六个维度,通过课前学习、案例警示、课堂讨论、项目制作等方式,以真实工作项目为载体,依托中国大学 MOOC 平台、云班课、理实一体实训室和创新工作室等虚实结合的教学环境,借助国家精品在线开放课程、真实工作项目等资源,以任务驱动教学法为主线,辅以头脑风暴、小组学习、项目教学等多种教学方法,合理有效运用微课等信息化教学资源,通过"课前自主学习、课中知识内化、课后拓展提高"三个阶段和"学、测、做、评、创、赛"六个环节,实现线上线下混合教学。课程实施过程中组织学生参加广告设计大赛,通过大赛不同主题,培育和践行社会主义核心价值观,引导学生积极传播新思想、引领新风尚,提升职业能力和素养,达到"会、熟、快、美"的岗位要求,实现教学目标。思政引领下的"三阶段六环节"线上线下混合教学模式如图 7-4 所示。

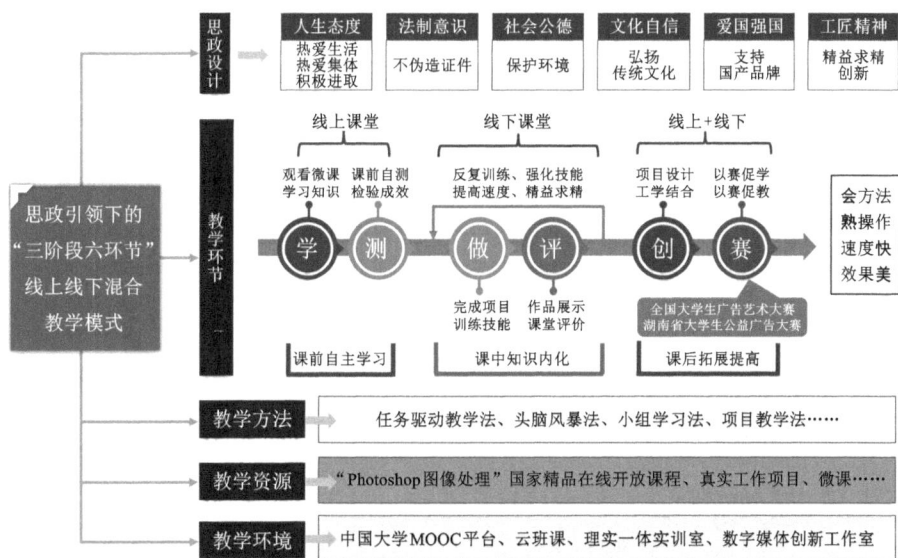

图 7-4　思政引领下的"三阶段六环节"线上线下混合教学模式

3.狠抓学生竞赛与教师竞赛,实现以赛促学,以赛促教

在学生竞赛方面,将全国职业院校技能大赛中的虚拟现实(VR)设计与制作赛项、湖南省大学生公益广告大赛和全国大学生广告艺术大赛的内容和竞赛经验融入对应课程教学,基于数字媒体创新工作室,通过"传、帮、带"

的方式完成竞赛学生选拔、竞赛内容训练、竞赛经验总结。学生的选拔主要由指导教师和工作室中参加过竞赛的学长完成，从技能水平、学习态度、心理状态和训练积极性等方面精选、优选"好苗子"，为竞赛集训队注入新鲜血液。在训练中过程中学长负责督促日常训练，传授竞赛经验和训练技巧，每周完成一次模拟竞赛，实现"以赛促练"。竞赛常态化使学生时刻保持竞赛压力，"赛中学、学中赛"让选手可以被竞赛任务所驱动，迅速提高自身操作技能。日常训练注重选手总结和交流，形成迭代思维，如此一来，可迅速达到提高优秀选手硬实力的目的。

4.组织学生参加职业技能等级证书考试，实现"课证"融通

根据数字媒体技术专业"岗课赛证"融通模块化课程体系安排，与专业相关的职业技能等级证书是界面设计，通过对证书知识技能点的分析，将证书考试内容融入日常的课程教学，并对历年真题进行分析总结，编写考证案例，在课程教学中反复训练，以提高学生技能水平和职业能力。2022年，我校申报了界面设计职业技能等级证书试点，第5学期安排2周的界面设计职业技能等级证书考试的训练，进一步训练学生的职业技能。在假期我校安排教师积极参加界面设计职业技能等级证书师资培训班，促进证书内容的教学，提高整体师资水平，全面提升证书教育质量。目前本专业有1名教师获高级培训认证讲师证书，2名教师获中级培训认证讲师证书，2名教师获初级培训认证讲师证书。

### 三、成效经验

1.积极进行专业建设和课程建设，教改成果丰硕

教师积极进行专业建设和课程建设，获国家级课程建设项目4项、省级教改项目4项、校级教改项目10项。Photoshop图像处理课程被认定为2022年职业教育国家在线精品课程和2020年国家精品在线开放课程（高职）（图7-5）；网页设计与制作课程成为2013年立项国家精品课程，2013年立项国家精品资源共享课。

| 序号 | 课程名称 | 课程负责人 | 主要建设单位 | 主要开课平台 |
|---|---|---|---|---|
| 798 | 居住空间设计 | 黄亚娴 | 湖北三峡职业技术学院 | 爱课程 |
| 799 | 中式热菜制作 | 常福曹 | 武汉市第一商业学校 | 学银在线 |
| 800 | Adobe Illustrator 图形图像制作 | 梁娜 | 武汉船舶职业技术学院 | 中国大学 MOOC |
| 801 | 茶艺与茶道 | 胡璠 | 武汉城市职业学院 | 智慧职教 MOOC 学院 |
| 802 | 学前教育学 | 陈学敏 | 襄阳职业技术学院 | 智慧职教 MOOC 学院 |
| 803 | 小学语文教学法 | 杨美芳 | 武汉城市职业学院 | 智慧职教 MOOC 学院 |
| 804 | 大学语文 | 余荣宝 | 襄阳职业技术学院 | 智慧职教 MOOC 学院 |
| 805 | 高职基础应用英语 | 宁毅 | 武汉职业技术学院 | 优学院 |
| 806 | 动车组机械装置检修 | 张明思 | 武汉铁路职业技术学院 | 智慧职教 MOOC 学院 |
| 807 | 绿色中国 | 秦武峰 | 湖北生态工程职业技术学院 | 学银在线 |
| 808 | RFID 技术与应用 | 米志强 | 湖南现代物流职业技术学院 | 智慧职教 MOOC 学院 |
| 809 | 物流成本管理 | 谢红越 | 湖南生物机电职业技术学院 | 智慧职教 MOOC 学院 |
| 810 | 经济法 | 黄亚宇 | 湖南机电职业技术学院 | 爱课程 |
| 811 | 会计信息系统应用 | 黄琪 | 湖南交通职业技术学院 | 学银在线 |
| 812 | 运输管理实务 | 缪桂根 | 湖南现代物流职业技术学院 | 智慧职教 MOOC 学院 |
| 813 | C 语言程序设计 | 彭耀生 | 湖南信息职业技术学院 | 学银在线 |
| 814 | 电子设计自动化技术 | 张平华 | 湖南信息职业技术学院 | 学银在线 |
| 815 | Photoshop 图像处理 | 潘玟玟 | 湖南铁道职业技术学院 | 爱课程 |

**图 7-5 "Photoshop 图像处理"职业教育国家在线精品课程**

2. 荣获一系列优异成绩,实现"岗课证赛"融通

教师指导学生参加各类专业技能竞赛,获省赛一等奖 4 项、二等奖 10 项、三等奖 11 项。教师参加各类教学和专业技能竞赛,获国赛一等奖 2 项,省赛一等奖 3 项、二等奖 4 项、三等奖 5 项,市赛一等奖 1 项。学校有专业教师在 2021 年担任全国职业院校技能竞赛裁判长,且多次担任全国职业院校技能竞赛裁判。2022 年我校组织学生参加界面设计职业技能等级证书考试,通过率为 100%。2019 年湖南省职业院校技能大赛虚拟现实(VR)设计与制作赛项一等奖如图 7-6 所示。

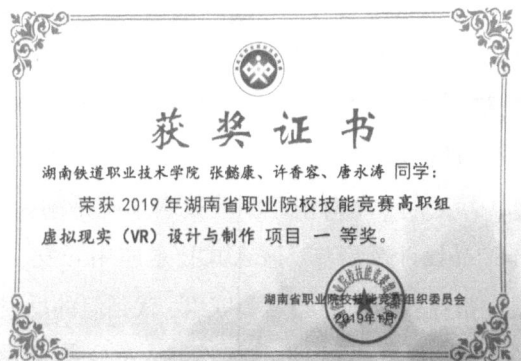

**图 7-6 2019 年度湖南省职业院校技能大赛虚拟现实(VR)设计与制作赛项一等奖**

### 四、推广应用

数字媒体技术专业构建了"岗课赛证"融通模块化课程体系，完成了"岗课赛证"融通模块化课程建设与实施，创新了思政引领下的"三阶段六环节"线上线下混合教学模式。学校的 Photoshop 图像处理课程被认定了 2 项国家级课程建设项目，学校专业教师为多个学校开展 20 多次培训和讲座，线上线下培训人数达 2000 多人，教学事迹被株洲电视台、中国高职高专教育网和湖南教育新闻网等媒体报道，成为课程建设的湖南铁道新范式。

### 案例二　物联网应用技术专业

**"岗课赛证创"五融通——嵌入式技术应用课程改革与实践创新**

### 一、实施背景

教育部在《对十三届全国人大五次会议第 2948 号建议的答复》中表提出：将实施职业教育现场工程师专项培养计划。教育部将会同有关行业部门在先进制造业重点领域、人才短缺领域，加强培养高技能人才。一是会同有关部门在先进制造业重点领域启动实施职业教育现场工程师专项培养计划，建设一批现场工程师学院，开展数字技能提升职业培训，面向数字化、网络化、智能化生产服务一线，培养更多现场工程师和高素质技术技能人才。二是持续推进落实《职业院校全面开展职业培训 促进就业创业培训计划》(教职成厅〔2019〕5 号)，面向企业职工、农民工等重点人群，开展职业技能培训。因此，服务先进制造业领域的嵌入式技术应用课程必须开展课程改革，满足现场工程师培养的需求和开展职业培训、促进就业创业培训的需求。

在 2018—2021 年期间，湖南铁道职业技术学院是湖南省职业院校技能大赛三大赛(电子产品设计及制作、嵌入式技术应用开发、集成电路技术应用开发)的赛点，在指导教师研讨会及专家组、裁判组的反馈中，都提到了嵌入式技术应用课程教学难、学生知识掌握不够、对接竞赛不紧的问题，学生基础差、学习吃力，学习效果不佳，迫切需要对课程进行全方位的改革，切实提高课程实施成效。正值全国职业教育大会明确指出推动"岗课赛证"融通，因此，我校嵌入式技术应用课程团队准确识变、积极应变、主动求变，按照国家职业标准和教学标准，创新探索了"岗课赛证创"五融通的课程改革。

## 二、主要做法

1. 找准嵌入式技术应用课程开设痛点，开展课程改革研究

对当前嵌入式技术应用课程的开设情况进行了充分的调研，设计了调查问卷（表7-4），对34所高职院校1172名教师和学生开展了调研，对教师和学生的需求和问题进行了归纳整理，对课程内容和教材建设存在的主要问题进行了研究和探讨，并在《中国多媒体与网络教学学报》2021年第3期发表了相关的研究论文，找准课程痛点。

**表7-4　STM32课程调查问卷表**

| 1 | 你是哪一级的学生？ | □2018级 | □2019级 | □其他 | |
|---|---|---|---|---|---|
| 2 | 你学习STM32兴趣高吗？为什么？ | □非常高<br>理由： | □高<br>理由： | □一般<br>理由： | □没兴趣<br>理由： |
| 3 | 你当前STM32课程学习整体效果如何？ | □非常好 | □好 | □一般 | □很差 |
| 4 | 学习中的主要困难？ | □理论知识学不懂<br>□操作流程复杂<br>□没有配套的学习开发板和相应资源<br>□没有对应教学项目的手册式教材 | | | |
| 5 | 学习中存在困难、效果不佳的主要原因是什么？ | □没有学生自制的学习开发板<br>□没有配套的项目化实施的手册式教材<br>□STM32本身资源太丰富，总是在理论学习中耗费太多时间<br>□工程实践机会少，学不致用 | | | |

**续表7-4**

| 6 | 你觉得要提高学生的实际应用能力应该怎么做? | □有学生自制的学习开发板<br>□有配套的项目化实施的手册式教材<br>□有丰富的网络学习资料<br>□举办与课程对应的制作比赛或者设计比赛<br>□可参与实际的工程项目,多锻炼 | | | |
|---|---|---|---|---|---|
| … | … | … | … | … | … |

2. 重构课程,选用近年来职业技能大赛的真题,实施项目式教学

在调研分析的基础上,课程和教材建设团队认真梳理了课程知识内容,对课程框架进行了重构,选用了 6 个真实的全国职业技能大赛和湖南省职业技能大赛的真题,构建了知识树,从易到难,把近几年技能大赛的知识点和常规技能点都融入项目中,实施项目式教学。

3. 开发出版"岗课赛证创"融通的新形态一体化教材,积极推广成果影响

根据选定的项目,课程团队于 2021 年 9 月完成了教材的组稿、出版工作,第一本"岗课赛证创"融通的新形态一体化教材——《嵌入式技术应用项目式教程(STM32 版)》正式面世。在半年时间内,该教材被陕西机电职业技术学院、益阳职业技术学院、湖北科技职业学院等 9 所学院选用,其后电子科技大学也选用了该教材,并且得到了很好的反馈,在全国形成了一定的影响。

4. 制作了配套的开发板,建设了在线课程等丰富的教学资源

根据课程内容和项目开发需要,教师带领学生一起制作了与教材配套的开发板(图 7-7),方便教师和学生使用,真正实现了"学中做""做中学",并开发了配套的在线开放课程,制作了微课、动画、视频、PPT 和源代码等丰富的资源,支持在线下载。

5. 组织学生协会开展第二课堂,带领学生积极参加全国职业技能大赛与创新创业大赛

成立第二课程,把课程中的项目任务全部制作出实物,采购元器件,进

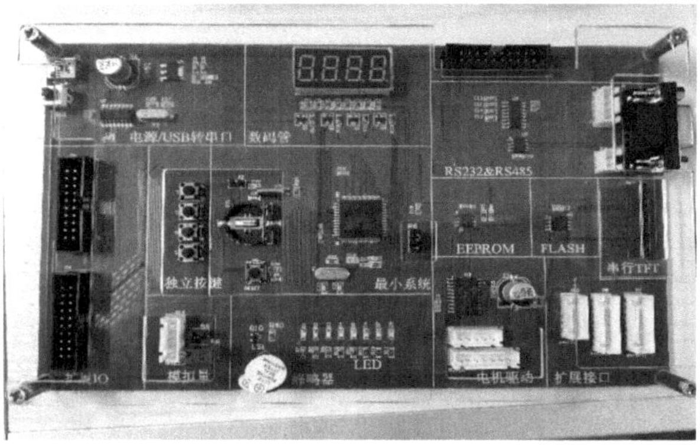

图 7-7　STM32 开发板实物图

行日常竞赛培训,反复练习,并在此基础上,开发和培育相关创新创业项目。学生在此过程中极大提升动手能力。近年来,学校专业培育的创新创业项目超过 10 项,职业技能竞赛和创新创业大赛获奖超过 60 余人次。

### 三、成效经验

1. 开发了"岗课赛证创"融通的新形态一体化教材《嵌入式技术应用项目式教程(STM32 版)》,推广到全国应用,得到了很好的反馈

2021 年 9 月,根据之前的校本教材和相关训练资料,整理出版了"岗课赛证创"融通的新形态一体化教材《嵌入式技术应用项目式教程(STM32 版)》。该教材出版后,得到了全国诸多高校的认可,当前已经有陕西机电职业技术学院、益阳职业技术学院、湖北科技职业技术学院、湖南科技职业学院等 9 所高职院校采用了该教材,受众学生达到了 5000 余人,并得到了一致好评(图 7-8)。

2. 建设了与教材配套的丰富课程资源,建设在线开放课程,满足学生、教师与社会学习者的个性化学习需求

为了学员更好地学习,以及课程成果的推广,在"智慧职教"平台构建了在线开放课程,使学生可随时随地学,同时该课程也可作为其他学院课程的

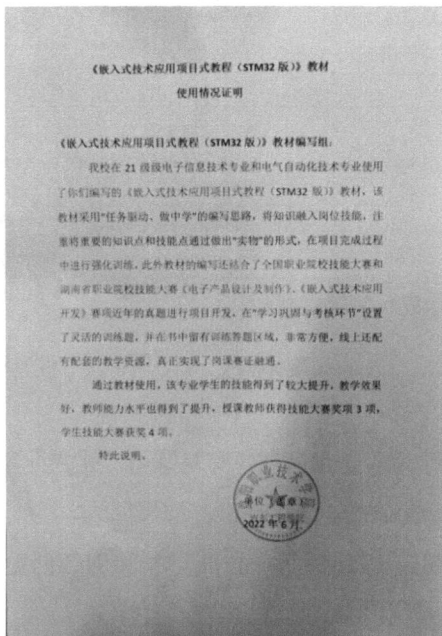

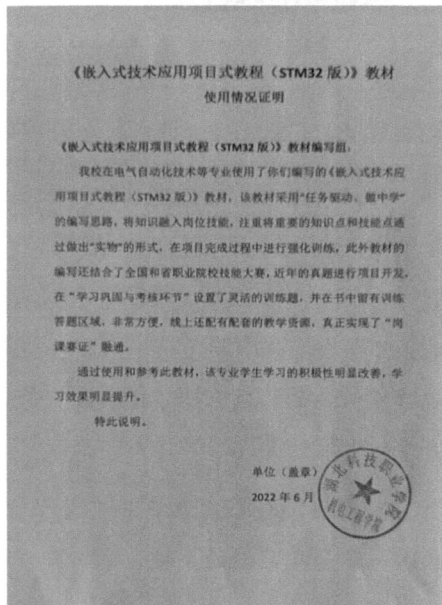

图7-8 《嵌入式技术应用项目式教程(STM32版)》封面图和部分推广应用反馈

辅助资源,课程具有丰富的微课、动画、视频及文本资源,且已实现两轮开课(图7-9)。

图7-9 嵌入式技术应用在线课程资源与调用情况图

该微课视频类资源时长达到712分钟,素材累计超过7G,课程资源被深圳信息职业技术学院、重庆工业职业技术学院、无锡科技职业技术学院等10所院校调用,校外学习用户超过1000人,互动总量超过17万次。

3.拓展第二课堂,职业技能大赛取得巨大突破

成立课程竞赛协会团队,积极组织开展第二课堂,采用"以老带新"的模式,对接全国职业院校技能大赛和湖南省职业技能大赛嵌入式技术应用赛项

的知识技能要求,开展竞赛培训、项目研发。近年来,我校该专业在职业技能大赛中取得了丰硕的成果,2018—2022年连续5年获得湖南省职业院校技能大赛"电子产品设计及制作"赛项一等奖;2019—2021年连续三年获得"集成电路技术应用开发"赛项省一等奖、"嵌入式技术应用开发"赛项省级一等奖;获全国二等奖3项、全国三等奖2项;2018年更是获得全国职业院校技能大赛"电子产品设计及制作"赛项全国一等奖第1名,实现了我校职业技能大赛国赛一等奖零的突破,同时也创造了湖南省在该项目上的最好成绩(图7-10)。

**图7-10 部分技能大赛获奖证书**

4. 立项"专创融合"课程建设,创新创业大赛结硕果

积极开展课程"专创融合",2020年立项学校"专创融合"课程建设(图7-11),注重对学生创新意识和创新素质的培养,带领学生积极参加各级各类创新创业大赛,获得第十四届"挑战杯"大学生课外学术科技作品三等奖1项、第十届"挑战杯"湖南省大学生创业计划大赛铜奖1项;2020年、2021年获得黄炎培职业教育奖创新规划大赛三等奖1项、优胜奖1项;获得2021年第二届全国机械工业创新设计大赛二等奖1项;获得第六届"互联网+"大学生创新创业大赛湖南省金奖、全国铜奖,创造了学校历史最好成绩(图7-12)。

## 关于2020年湖南铁道职业技术学院"专创融合"课程评审结果的公示

根据《关于开展湖南铁道职业技术学院"专创融合"课程申报工作的通知》文件精神要求，经教师申报、学院推荐，教务处和创新创业学院组织专家评审。根据评审结果，经学校研究，拟立项《数字化创新设计与3D打印技术》等6门课程为2020年校级"专创融合"课程建设项目，具体如下：

拟立项2020年"专创融合"课程建设项目一览表

| 序号 | 部门 | 课程名称 | 课程负责人 |
|---|---|---|---|
| 1 | 制造学院 | 数字化创新设计与3D打印技术 | 邝允新 |
| 2 | 机辆学院 | 电气控制与PLC技术 | 黄杰 |
| 3 | 控制学院 | EDA技术应用 | 栗魅龙 |
| 4 | 机辆学院 | 机车车辆检测技术 | 李华柏 |
| 5 | 控制学院 | 智能机器人技术 | 龚江涛 |
| 6 | 控制学院 | 嵌入式技术应用 | 魏丽君 |

现对评审结果予以公示，公示日期：2020年8月7日—8月11日，公示期间若对结果有异议，请通过书面材料或电话向教务处反映。

受理人：林保康

受理电话：22783828、15873398094

教务处 创新创业学院
2020年8月6日

图7-11 "专创融合"课程立项

图7-12 部分创新创业大赛获奖证书

### 四、推广应用

通过课程实施、第二课堂培训，大量学生参加全国职业技能大赛和创新创业大赛并取得了丰硕的成果。在此过程中学生也得到了锻炼和成长，仅2021年和2022年就有22人获得免试升本机会，14人通过考试升本，2022年6人获得湖南省创新创业优秀毕业生的称号。

### 案例三　移动互联网应用技术专业

"赛课证岗"融通赋能高技能人才培养体系
——"应用创新工作室引领"人才培养模式探索与实践

#### 一、实施背景

《国家职业教育改革实施方案》提出，加大政策引导力度，充分调动各方面深化职业教育改革创新的积极性，带动各级政府、企业和职业院校建设一批资源共享，集实践教学、社会培训、企业真实生产和社会技术服务于一体的高水平职业教育实训基地。职业院校应当根据自身特点和人才培养需要，主动与具备条件的企业在人才培养、技术创新、就业创业、社会服务、文化传承等方面开展合作。学校积极为企业提供所需的课程、师资等资源，企业应当依法履行实施职业教育的义务，利用资本、技术、知识、设施、设备和管理等要素参与校企合作，促进人力资源开发。建立健全职业院校自主聘任兼职教师的办法，推动企业工程技术人员、高技能人才和职业院校教师的双向流动。职业院校通过校企合作、技术服务、社会培训、自办企业等所得收入，可按一定比例作为教师绩效工资来源。

湖南铁道职业技术学院在原有的"专业+公司"专业人才培养模式的基础上，面对专业学生规模小的难题，移动互联应用技术专业依托软件技术省级生产性实习实训（教师认证培训）基地，尝试创新（创意、创业）工作室机制，进一步深入开展专业人才培养模式改革，建立层次化人才培养机制，深化校化合作,促进产教融合,进一步增强专业吸引力,促进产业与教育教学的深度融合。

## 二、主要做法

1. 创建工作室,校企合力培育人才

(1)将企业先进的管理理念、管理方法与职业文化引入实习实训基地,建立"双向嵌入、校企双主体"实习实训基地建设运行模式,构建企业与学院利益融合的体制平台,产生良好的激励效果,依据合作项目进行项目开发、生产性教学、职业培训、职业技能鉴定、职业院校师资培训和技术服务等。

(2)依托轨道交通装备制造职教集团,构建"合作育人、协作培训、共同开发"的校企合作长效机制,在实习实训基地与合作企业之间建立信息交流的网络环境,利用先进的网络信息技术实现技术信息化、办公自动化等,构建校企合作机制的长效运作模式,实现"合作办学、合作育人、合作就业、合作发展"。

(3)建立校企互聘制度,以真实项目为载体,实行项目制,建立企业技能大师工作室、学院教学名师工作室、项目开发工作室(图7-13、图7-14)。

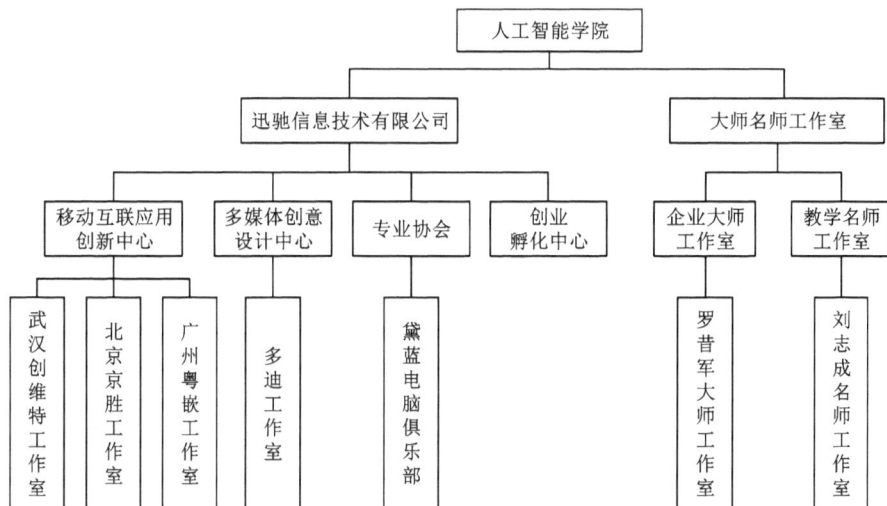

**图7-13 校企共建工作室模式**

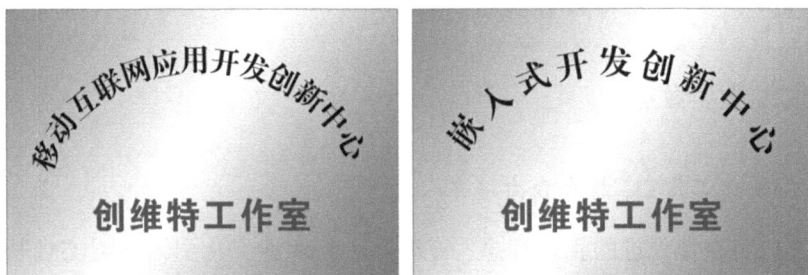

**图 7-14　校企共建应用创新工作室**

（4）按照企业管理制度规范工作室成员。

①6S 管理：在工作室内成员需保持 6S 卫生、按时清扫，严禁将方便面等食品带入工作室。成员每天轮流进行 6S 值日，负责人会检查 6S 完成情况。每周末都会进行大扫除。

②安全管理：必须注意工作室的安全，最后离开时要仔细检查门窗是否关闭，并且切断所有电源，检查确认后，负责人签名才能离开。

③纪律管理：进入工作室后，成员需严格遵守学校纪律，不迟到、不早退、不旷课，有事必须先请假。

④项目组织机构：项目开发小组负责进行项目设计、开发、集成；项目测试小组负责对项目的漏洞和可操作性等进行测试；资源整理小组负责编写操作说明、用户手册等。

⑤项目进度管理：工作室会对每一周布置的学习和开发任务进行登记，对每一个人的完成情况进行检查和登记，最后对每一周情况进行汇总并汇报。

⑥总结会议机制：工作室会对每一周的项目情况进行总结和汇报，并且请企业派驻专家进行技术指导（图 7-15）。

⑦职业规划：针对工作室内不同成员的岗位定位，为不同成员制定针对性的职业发展规划。针对技术研发类岗位人员，制定"技术员→研发工程师→项目经理→技术总监"的职业发展历程；针对系统实施类岗位人员，制

定"实施员→实施工程师→项目经理"的职业发展历程。

⑧自我学习:按照清晰的职业发展历程,工作室成员在校期间就有意识地逐渐积累开发、实施和管理经验(图7-16),并在项目开发和实施过程中进行应用和提高。

图7-15 企业专家现场指导

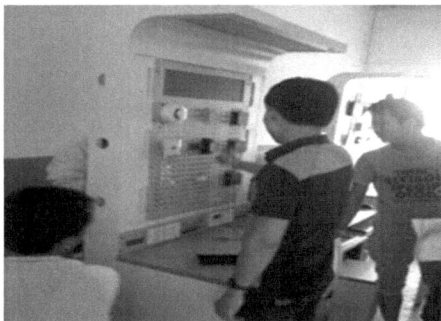

图7-16 工作室成员传授经验

2. 立足工作室,提升专业实训条件

新建互联网软件开发、物联网系统开发与管理、Android 开发等5间实训室,扩建软件外包开发、网站开发、物联网开发3间工作室,基于多种软件平台(Windows、Linux)、多种开发语言(. NET、Java)、多种模式(C/S、B/S)的应用需要,采用行业标准及开发流程,对接真实运行支撑环境,按照真实职场环境布局生产性实习实训基地,形成基础应用开发中心、基于物联网的软件开发中心、移动平台开发中心等6大中心(图7-17)。生产性实习实训工位总数达到245个。

根据移动互联应用技术专业已有的11间实训室,扩建软件外包开发工作室等3间实训室,新建互联网软件开发实训室(Linux)等5间实训室,建成包括基础应用中心、基于互联网的软件开发中心、基于物联网的软件开发中心、移动平台开发中心、ERP 系统管理中心和 AFC 软件开发中心在内的6大实训中心(表7-5),实训室总数达19间。新增校外实习实训基地5个,总数达17个。这一系列举措满足教学、培训、开发与技术服务四大功能要求,实现功能系列化、管理企业化、环境真实化、人员职业化。

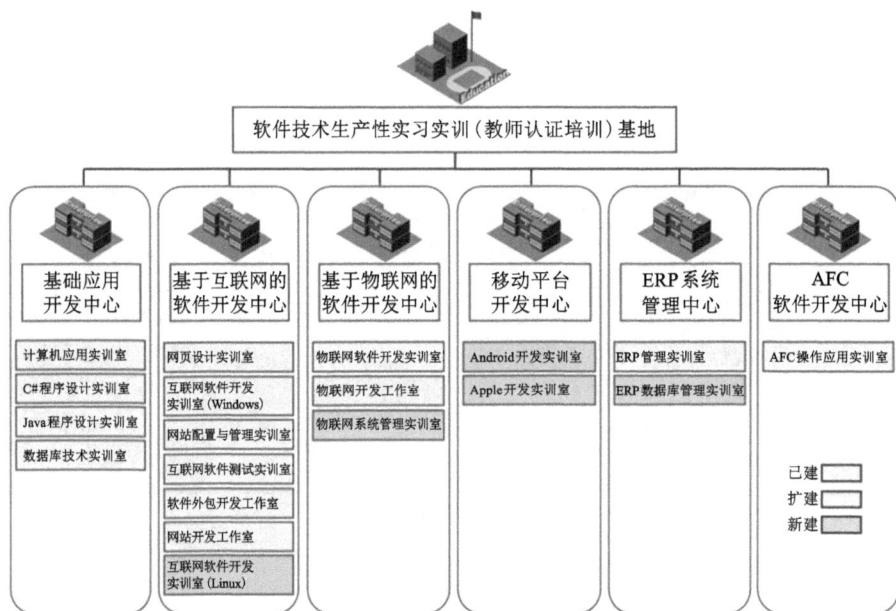

图 7-17　校企共建生产性实习实训基地

表 7-5　包含 6 大实训中心的软件技术生产性实习实训基地

| 实训中心 | 功能 | 特色 |
|---|---|---|
| 基础应用开发中心 | 承担软件技术基础课程的教学、实习与各类职业培训、师资培训 | 服务于基础性教学、培训 |
| 基于互联网的软件开发中心 | 承担多样化真实互联网环境的教学、培训、项目开发和技术服务 | 适用于多种软件平台（Windows、Linux）、开发语言（.NET、Java）、模式（C/S、B/S） |
| 基于物联网的软件开发中心 | 承担真实物联网软硬件环境下的教学、培训、项目开发和技术服务 | 软硬件结合的真实运行支撑环境，面向我国新兴战略产业，发展前景广阔 |
| 移动平台开发中心 | 承担真实移动终端环境下的培训、项目开发和技术服务 | 开发有真实运行支撑环境的便携式移动终端应用，开辟移动增值业务的新天地 |

**续表7-5**

| 实训中心 | 功能 | 特色 |
|---|---|---|
| ERP系统管理中心 | 承担真实物联网软硬件环境下的教学、培训和技术服务 | 基于用友、金蝶等ERP服务商的真实ERP系统进行大型数据库的系统管理 |
| AFC软件开发中心 | 承担真实AFC软硬件环境下的教学、培训、项目开发和技术服务 | 面向轨道交通行业,软硬件结合的真实运行支撑环境 |

实习实训基地工位总数达到650个,全部实训室都能进行理实一体化教学,大部分的实训室能进行生产性实训;设备技术参数达到企业现场设备中等以上水平,设备完好率95%以上,设施设备项目达标率100%,实训项目开出率达到100%。每年完成职业培训、师资培训300人次以上,完成计算机高新技术技能鉴定、C#(中级)技能鉴定和SQL Server数据库技能鉴定等多工种技能鉴定约1500人次。完善和优化培训配套的生活设施,确保学员满意度达到90%以上。

3. 深耕工作室,促进师资队伍成长

加强专业带头人培养,全面提升专业带头人的移动应用开发能力、教学改革能力,进一步提高专业带头人的技术服务能力,成为物联网开发、移动开发等新技术领域的技术能手。

加强骨干教师队伍建设,不断优化师资队伍的学历、职称、年龄结构,新增2名系统分析师,新增4名骨干教师,骨干教师总人数达到10名,且所有骨干教师带项目到企业挂职锻炼6个月。提升团队的教学改革能力、软件开发能力和技术服务能力,高级职称比达到65%以上,双师比100%。全面提高教师的综合素质、教学科研能力和应用开发能力,把移动互联网应用技术专业教学队伍打造成一支适应"新、真、多"要求、服务意识强的高素质双师型教学团队(图7-18)。

进一步加强对兼职教师的质量管理,使兼职教师全部具有高级职称,并且全部是来自企业的专家。聘请 1 名正高职称的企业专家作为专业带头人，聘请 15 位企业专家作为"师傅"，参与实习实训基地与专业建设。

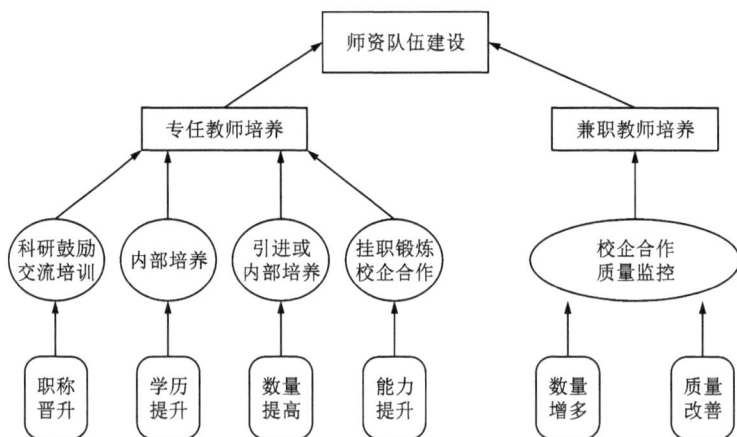

图 7-18 师资队伍建设模式

4.助力工作室，共建实践教学资源

在"软件技术专业国家级教学资源库"平台上进一步完善各种资源，优化并及时更新精品课程和课改课程网站资源，建立开放式的教学资源库，并供高职院校师生、企业和社会学习者广泛应用，实现校校、校企共享，实现在线教学与辅导答疑(图 7-19)。

以行业标准、企业标准为依据，开发和完善 17 个实习实训教学和师资培训课程标准；新增电子商城、仓库管理系统等 10 个企业真实项目案例，建成 1 个完整的项目库，开发 10 本实训教材和实训指导书、5 门课程的实训课件和考核题库等资源；优化软件水平考试、高新技术技能鉴定、中级程序员技能鉴定和计算机等级考试培训包，形成完善的试题库和考核评价标准；校企合作开发门禁管理系统等 8 个项目，最终建成软件技术专业实践教学环节的融纸质教材、电子教材、网络教材、视频等于一体的立体化教学资源包。

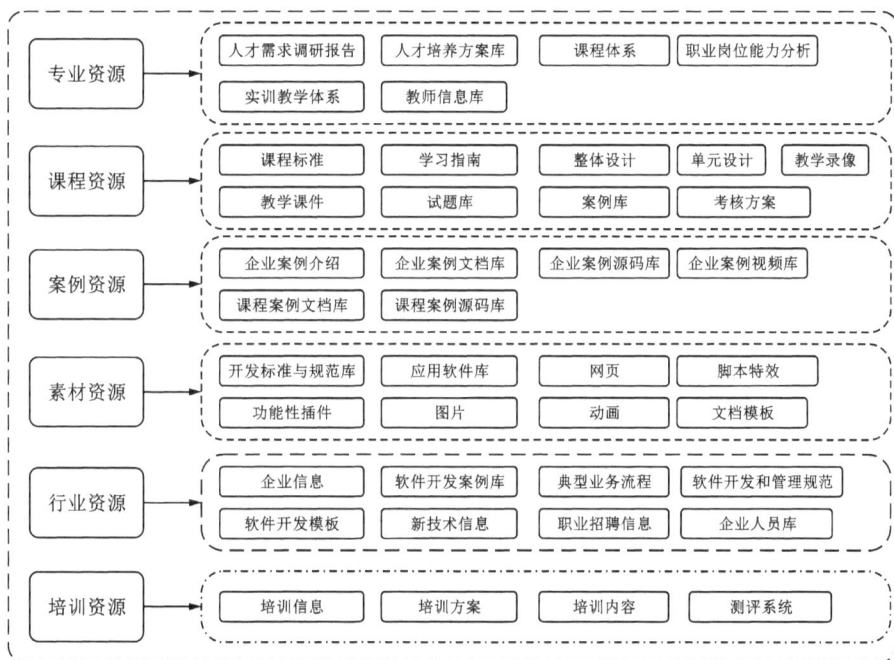

**图7-19 校企共建实践教学资源体系**

5.借力工作室,推动服务能力建设

(1)加强与区域内职业院校的合作,继续开展校内外学生的技能训练和技能鉴定,每年承接学生实训和技能训练2500人次以上,承接各种技能鉴定1500人次以上。

(2)以校校合作、校企合作、学校和培训机构合作等多种合作方式拓大培训规模和领域,开办计算机等级考试、软件水平考试、职称计算机考试、物联网应用开发和移动应用开发等培训,年培训1000人次以上。

(3)以移动互联网应用技术专业和建成后的软件技术生产性实习实训基地为依托,开展课程体系开发和应用软件开发等方面的教师培训服务。

(4)为社区、企业提供计算机维修、ERP实施等技术支持服务和网站开发、管理系统开发等移动应用开发服务。

### 三、成效经验

**1. 多专业共通, 构建了"1+X"职业技能等级模块化课程体系**

根据移动互联网应用技术、数字媒体应用技术、信息安全与管理、物联网应用技术专业基础相通的特点, 将解构后的 Web 前端开发(中级)的职业技能培养分解为网页制作与美化、PHP 动态网站开发、职业技能鉴定实训三门课程, 共同培养, 总课时达到 276 课时, 将 Web 前端开发(中级)职业技能等级模块作为四个专业的共通模块, 如图 7-20 所示。

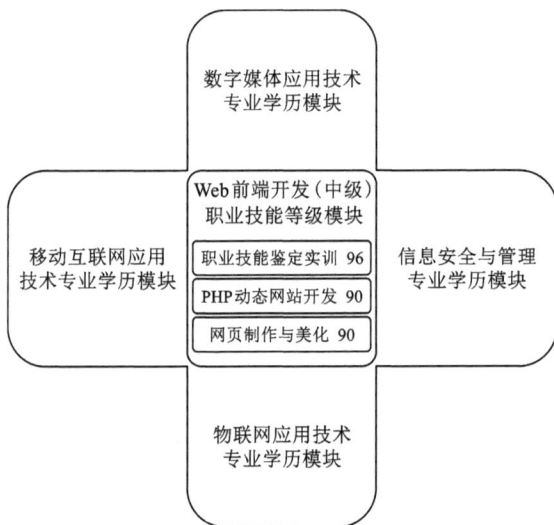

**图 7-20　多专业共通的 Web 前端开发(中级)职业技能等级模块**

2019 年至今, 移动互联网应用技术专业学生累计 150 人次参加"1+X"Web 前端开发职业技能等级考试, 通过率超过 90%。

**2. 多主体合作, 创建了融入企业多重元素的应用创新工作室**

通过遴选合作企业, 以校企共建工作室模式, 创建了包括武汉创维特工作室、北京京胜工作室在内的一系列工作室, 将企业先进的管理理念、管理方法与职业文化引入实习实训基地,建立"双向嵌入、校企双主体"实习实训基地建设运行模式,校企双方共同运营工作室。

3."传帮带"结合,培育了一批善开发精竞赛的准企业开发人才

以"传、帮、带"的方式传授开发和比赛经验、营造积极的学习氛围。企业专家和校内教师向工作室成员传授项目开发、实施和管理经验,分享比赛经验。工作室成员以点带面,帮助没有进入工作室的同学提高专业知识,并带动学弟学妹们提高学习兴趣。创新工作室既是在校学生提升技艺的平台,也是企业专家、校内教师同步提高的空间。在校学生在工作室成长期间认同企业文化、遵守企业管理制度,按照企业的项目开发、实施流程提升技能、积累经验,并在各类大赛上展示风采,为日后成为移动互联网行业精英打下坚实的基础。另外,这对企业专家提升教学水平、在校教师积累项目开发经验也有很大的帮助。工作室在 2021 年全国行业职业技能竞赛——全国电子实用技术职业技能竞赛计算机程序设计员(混合式移动 APP 开发)赛项中获得学生组一等奖、职工组二等奖(图 7-21)。

**图 7-21 混合式移动 APP 开发学生组一等奖、职工组二等奖**

4.内培加外引,培养了一批精教学会服务的"双师"产学研团队

企业工程师和学校骨干教师组成的团队参与创新工作室运营,为工作室成员提供技术服务。教师的综合素质、科研能力和应用开发能力得到全面发

展，教学能力得到极大提高。校企双师团队共同承担了"1+X"Web 前端开发国家级师资培训（面向本科、高职和中职教师）、高职移动互联网应用技术专业教师企业实践、吉林中职学校移动应用技术与服务专业教师企业实践等国家级培训 3 项；开发了铁道机车综合数据分析及配件管理系统等 2 项外包项目，合同金额超过 30 万元；编写《软件工程与 UML 建模》教材并成功立项为职业教育"十四五"国家规划教材，还编写《程序设计基础（Java 语言）》等教材 5 本；主持省级项目"教育信息化试点项目—专项试点（普通高校）—信息化条件下促进学生自主学习的创新教学模式研究"并获得优秀验收；获得 2022 年全国工业 APP 和信息消费大赛乡村振兴专项创新奖（图 7-22）。

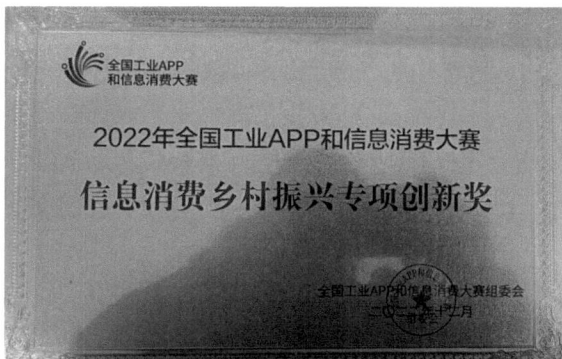

**图 7-22　荣获 2022 年全国工业 APP 和信息消费大赛专项创新奖**

### 四、推广应用

基于"以学生为中心"的人才培养理念，引入企业的先进管理理念、管理方法与企业文化；建立校企互聘制度，以真实项目为载体，实行项目制，建立企业技能大师工作室、学院教学名师工作室、项目开发工作室；按照企业管理制度规范工作室成员，按照清晰的职业发展历程，引导工作室成员在校期间就有意识地逐渐积累项目开发、实施和管理经验，并在项目开发和实施过程中进行应用和提高，最终实现零距离上岗。

## 第二节 制造类专业"岗课赛证"综合育人案例

### 案例一 数控技术专业

"赛课证岗"融通赋能高技能人才培养体系
——学生技能竞赛模式探索与实践

**一、实施背景**

2019年国务院正式印发《国家职业教育改革实施方案》,指出到2022年职业院校实践性教学课时原则上占总课时一半以上,"双师型"教师占专业课教师总数超过一半的具体指标要求。除了传统的实习实训课程,构建科学合理的技能竞赛体系是提升学生动手能力、锻炼教师实践教学能力的重要途径。职业技能竞赛是高等职业院校开展实践教学改革的重要阵地,也是检验高等职业院校办学效果的重要指标之一。为深化职业教育教学改革,创新职业院校人才培养模式,加强"双师型"教师队伍建设,培养高素质技能人才,国家要求将学生技能大赛融入职业教育人才培养目标和教学过程中,融入职业教育服务经济社会的功能体系中,实现学生技术技能高标准发展。国赛在2020年开始推行改革赛,逐步与世界技能大赛对接,下位竞赛作为上位竞赛选拔赛、预备赛的功能越来越明显。湖南铁道职业技术学院(以下简称学校)建立技能竞赛三维体系,组建结构合理、分工协作的创新型竞赛指导教师团队,引进企业技能大师,实现产教融合式培养,培养具有工匠精神的高技能应用型人才,真正实现职业教育与企业产业的融合。教师指导学生参加2021年职业院校各类专业技能竞赛,获国赛二等奖3项、三等奖2项,省赛一等奖23项、二等奖34项、三等奖35项。

## 二、主要做法

1.构建校赛、省赛、国赛三维体系，多重着力抓实选手培养

突出校赛基础作用，构建科学合理的校赛、省赛、国赛三级竞赛体系，提升学生动手能力。校级竞赛重点突出选拔筛选和教学改革作用。将省级竞赛、全国竞赛成果在日常教学中推广，将专业人才培养方案与岗位技能培养结合，开发具有职业特色的校级层面的技能大赛，实现特色鲜明并形成良好技能竞赛氛围，吸引优质生源。利用校级竞赛平台精选、优选"好苗子"，为竞赛集训队注入新鲜血液。省级竞赛重点突出精选参赛选手和梯队化建设队伍的作用。以周赛、月赛和季赛等方式，形成"以赛促练"和"末尾淘汰"的模式机制。竞赛常态化使学生时刻保持竞赛压力，"赛中学、学中赛"让选手可以被竞赛任务所驱动，迅速提高自身软硬件操作能力。建立"末尾淘汰"机制，使选手保持压力，摒弃惰性思维，全身心投入竞赛。日常训练注重选手经验总结和交流，形成迭代思维，如此一来，可迅速达到提高优秀选手硬实力，"优中带优、优中再择优"的目的。构建立体梯队化团队结构，获奖选手和"尖子生"带"好苗子"，组织历届国赛获奖选手开展讲座，进行竞赛知识和参赛经验分享，时刻保持参赛队伍活力和实力。国家级竞赛重点突出拓展和引领作用。通过对赛事特点、赛程规范等进行技术解读，以及带领参赛选手赴企业参观，提升选手对于竞赛的理论高度、技能厚度和眼界水平。国赛是高等职业教育改革风向标，通过在国赛取得优异成绩带动其他赛项，突出国赛引领作用。

2.建设结构合理、分工协作的创新型竞赛指导教师团队

建设结构合理、分工协作的创新型竞赛指导教师团队，加强教师的企业挂职锻炼。开展职业技能大赛的目的一方面是提高学生动手实践能力，培养高技能专门性应用人才，另一方面是培养既具备理论教学能力又具备实践教学能力的"双师双能"型教师队伍。教师团队建设中存在一定代差，形成了"老、中、青"组合的年龄结构。在教学工作中"传、帮、带"，技能大赛经验

丰富的指导教师将把控竞赛训练方向的能力传授给其他教师,带起一部分干劲足的教师,吸引一部分青年教师参与职业技能大赛工作,促进竞赛教师团队建设良性循环,形成良好分工,提高团队创新能力(图7-23)。

**图7-23 竞赛指导教师团队**

**3.引进企业技能大师,实现"岗课赛证"产教融合式培养**

通过引进装备制造企业技能大师,对专业的课程结构进行调整,使教学内容与竞赛及技能证书考核内容无缝对接,同时将课程教学融入竞赛及考证。通过带领优秀参赛选手为企业开展专项技术攻关,开发产品,带领参赛团队将新技术融入竞赛日常训练(技能大师工作室揭牌见图7-24)。

将企业管理标准、职业操守和发展理念植入竞赛团队中,提升团队凝聚力、执行力和创新力。技能大师与指导教师共同制订详密训练计划及考核标准,开发竞赛资源,共同推进竞赛。每月召开竞赛会议,及时总结经验,破解竞赛瓶颈,谋划发展。

**4.改革创新技能竞赛工作的机制体制**

首先,加强对职业技能竞赛工作的组织领导,成立大赛专门组织机构和日常管理机构,做好各项保障、协调、服务工作;其次,建立以精神奖励为

**图 7-24　技能大师工作室揭牌**

主、物质奖励为辅的激励机制，强化考核工作，将技能竞赛工作纳入教学考核和年度绩效考核等相关考核与评优评先当中，特别是要把职业技能竞赛成绩作为教师职务职称晋升的重要参考依据，调动教师参与竞赛指导工作的积极性；再次，将技能竞赛与课程考核融合，真正意义上实现"以赛代考"，提高学生参赛积极性，使课程考核内容更加丰富，考核结果更加符合高技能专门性应用人才的特点；最后，创新教学形式、竞赛训练手段，推动理实一体化教学，让学生在"做"中"学"，引导学生"理""实"结合，提高专业水平。

5.改良与创新竞赛训练方案，注重细节管理

竞赛指导教师通过总结多年教学和竞赛经验，提出竞赛中的改良与创新建议。一是竞赛设备系统与实训室设备系统有一定差异，操作存在不确定性。二是我校选手与外校选手切磋机会较少，心态存在不稳定性。通过总结与改进，参赛选手在系统操作确定性和竞赛心态稳定性等方面都有着极大提升。

### 三、成效经验

**1. 荣获一系列优异成绩，实现"岗课赛证"融通**

教师指导学生参加 2022 年职业院校各类专业技能竞赛，获国赛一等奖
1 项、二等奖 3 项、三等奖 2 项，省赛一等奖 23 项、二等奖 34 项、三等奖
35 项(图 7-25)。共计 430 名学生取得了 1+X 技能等级证书。

**图 7-25 2022 年度全国技能大赛工业设计技术赛项一等奖**

**2. 培育一批大国工匠、企业骨干和创业达人**

学校通过技能竞赛将学生的职业精神根植于提升技术技能这块热土上。
学校培育了几百名大型企业的大国工匠、能工巧匠、企业骨干及自主创业达
人。为社会经济发展提供了大量的优质人力资源和技术智力支持，培养了具
有工匠精神的应用型人才，为株洲地方经济发展贡献了力量，实现了职业教
育与企业生产的真正融合。

**3. 激发教师工作热情，催发学生竞赛斗志**

学校通过上述主要做法，激发了教师对指导技能竞赛的工作热情，催发
了学生的竞赛斗志，形成良好的竞赛氛围。相关教师的先进事迹曾先后
10 余次被新华网、中国新闻网、中国网等媒体报道(学校教师担任全国职业

院校技能大赛裁判见图7-26）。

**图7-26　学校教师担任全国职业院校技能大赛裁判**

教师通过指导技能竞赛能够实现理实一体，理论与实践"双轨"并行，凸显了职业精神的重要性，提高了教师自身价值感和职业认同感。学生通过参与技能竞赛，能够极大提高自身对未来职业和岗位的认知度，激发学生参赛的热情和斗志，在获得技能竞赛优异成绩、掌握复合型技术技能的同时，也清晰明确自身职业蓝图。

4. 创新了"岗课赛证"综合育人模式

学校在日常教学和竞赛训练中，创新了竞赛训练、课程教学、行业证书、岗位需求这四大方面有机融通的理念。创新了"教赛"融通，将技能大赛项目类别及竞赛标准要求与专业课程目标互动发展；创新了"赛岗"融通，将行业企业的工作过程、先进技术、技能标准、项目任务和规格要求融入比赛各个环节；创新了"赛证"融通，将职业技能等级、职业技能等级鉴定等证书所考核的重点模块内容与竞赛考核点有机结合，推动了1+X证书体系建设。

**四、推广应用**

学校坚持以学习者为中心，构建"校赛、省赛、国赛"三维立体培养体系，加强"双师型"师资队伍建设，改革创新技能竞赛工作机制与体制，在学生技能竞赛、技能提升等方面取得一系列成果。技能竞赛团队在校赛到国赛的各个阶段均已形成成熟的模式。近几年，学生在技能竞赛、创新创业大赛获得国家级、省级荣誉多项，成为学生竞赛湖南铁道新范式。

## 案例二 机械设计与制造专业

### "岗课赛证"融通赋能高技能人才培养体系
#### ——学生创新创业比赛模式探索与实践

### 一、实施背景

目前创新创业迈进蓬勃发展期，持续向更大范围、更高层次和更深程度推进，且科技属性日益明显，科技型创新创业正成为当今创新创业的风向标。高职院校是落实国家"大众创业、万众创新"双创驱动理念的主要阵地，承担着培养创新创业人才的重任，肩负着为地方经济和社会发展输送复合型技能人才的使命。因此，将大学生创新创业教育纳入人才培养全过程已成为高职院校教育教学改革的主要内容之一。职业教育创新创业教育质量关系到职业教育目标的实现，按照 2019 年《国家职业教育改革实施方案》要求，构建政府、行业、企业、职业院校等共同参与的职业教育创新创业教育评价体系将有助于提升职业教育创新创业教育质量，进而提升职业教育人才培养质量。随着国家社会经济的飞速发展，特别是新工艺、新技术的快速更新，新时期职业院校创新创业教育也对教师提出了新要求。近几年，湖南铁道职业技术学院大力推进创新创业教育的内涵建设，构建包含师资队伍、课程体系、创新创业大赛、实践基地、校园文化等内容的大学生创新创业教育体系，旨在提升大学生的创新创业能力。结果表明，创新创业能力培养完全融入高职院校人才培养全过程受到一些现实因素的制约。学校基于"产教科创"融合理念，以"产业为依托，教育为支撑，科技为引领，创业为导向"，构建了师生共创、以赛促创、引培并举、专创融合的创新创业项目孵化人才培养模式，实现了职业教育与创新创业的有机融合，实科创融合、专创融合等综合育人模式得到真正实践。近年来，教师指导学生参加各级各类创新创业比赛，获国家级金奖1项、二等奖1项、三等奖3项，省级一等奖6项、二等奖8项、三等奖15项。

## 二、主要做法

### 1. 师生共创，构建"教学做赛创"一体新格局

师生共创是做好双创工作的关键，是使教师与学生双创意识和能力螺旋式上升的有效途径，也是教师专业背景得以拓展的平台，最终形成科学合理的"教学做赛创"一体新格局。一是看中学。将创新创业课程纳入人才培养方案，依托课堂、全员参与、学以致用、创有所想，进一步激励学生在看中学，萌生创新思维，形成创业动力。二是学中做。建立学校、学院、班级的多层级创新创业社团，学生在学习过程中的创新点子通过社团这一自主平台得以实践，进一步实现学中做。三是做中创。学校在不断实践的过程中，形成较稳定的师生团队，组建师生创新工作室，进一步孵化相应的创新点子，形成较成熟的创新创业项目。四是创中领。在专业级、学院级、校级、省级、国家级五级竞赛体系中，通过不断打磨和升级创新创业项目，引领广大学生创新创业意识的激发，培养创新创业思维，最终达到全员参与的效果。通过以上不断的积累，构建较完备的"教学做赛创"一体新格局，为学校创新创业综合育人搭建平台。

### 2. 以赛促创，打造"选材培优"双创竞赛体系

建立学校、学院、专业的三级竞赛管理体系，将学生参加校内外创新创业竞赛纳入素质教育计划，依托专业协会平台，培养学生专业素养，拓展专业创新意识，进一步提升学生专业兴趣。发挥三级竞赛管理体系的指挥棒作用，不同层级的竞赛可激发学生创新原动力，进一步提高学生参与竞赛的适应性和贡献度。多级竞赛管理体系从成绩置换、学生奖励、评奖评优等方面激发学生活力，进一步增强学生创新创业的动力。同时，多级竞赛管理体系

从人才培养、教师能力、绩效考核等方面激发指导教师的活力和动力。搭建创客空间，营造共同学习的空间环境，促进学生之间的相互启发、互帮互助、资源共享。与此同时，组织创意沙龙、创新训练、项目路演、双创大赛等活动，促进创业者之间的交流学习，达到协同进步的目的。学校通过"聚合"产生"裂变"的效应，进一步促进以赛促创，以赛促建（图 7-27）。

**图 7-27　学校参赛团队获湖南省挑战杯一等奖**

3.引培并举，打造"教练型"双创师资队伍

近年来，职业院校的师资数量、专兼结构、专创融合程度等方面都难以满足双创教育不断扩大的需求，因此打造多元化的师资队伍势在必行。学校要充分调动校内有专业基础、兴趣浓厚并长期投身创新创业教育的教师或行政管理人员来稳定师资，组建专职教师队伍。根据教师自身的知识结构、能力结构等条件开展分阶段、分层次的教师培训，开展创新创业教育和创客项目指导。同时，坚持"引进来"与"走出去"相结合，邀请专家学者、企业人员、创业校友来校做专题讲座、技术指导、项目辅导等，建立和完善校外创客导师库。通过政策引导，鼓励教师到知名创客空间、行业企业交流学习。学校着力打造一批具有深厚的理论素养和学科专业背景的师资队伍。

### 4.构建专创融合教育教学模式

一是教与学的互动融合。专创融合教育是以学生为主体、教师为主导的人才培养模式，是需要师生共同参与的教育活动。根据高职院校人才培养定位及企业对创新型人才的诉求，专创融合课程设置要体现相关的创新创业知识、技能、素养等。在公共素质培养阶段，主要开设创新的特征与基本原理、专业认知、创新创业基础等课程，启蒙学生的创新意识和精神。在专业综合能力培养阶段，主要开设专业前沿、专业核心课程、设计思维与创新方法、项目案例与学科竞赛等课程；同时将创新创业所需的法规和政策、行业情况、风险防控等方面的知识融入课程中，根据课程教学特点，开展启发式、讨论式、参与式教学。

二是学与训互动融合。大学生创新创业训练计划主要分为科研训练项目、创新训练项目、创业训练项目和创业实践项目。第一，选题立项。项目研究选题应具有科学性、可行性、创新性。学生团队根据自己的兴趣和专业特点，结合研究基础与指导教师沟通后明确项目选题。第二，项目实施。项目批准立项后，教师指导学生进行项目研发、创新产品设计的路径与方法，引导学生在跨学科专业知识学习中，习得发现问题和解决问题的能力，获得创新创业必备的交叉学科思维方式。同时开展精益创业、设计思维讲座等，提升学生创业能力，推进科研成果孵化。

三是专创实践的互动融合。创新创业教育的本质，是以更具实践性、多样性和创造性的形式实现创新创业型人才培养。在专创融合的实践教学组织上，采取"分类递进、训赛融合"原则，不同专业、年级的学生借助实训基地分别进行校内仿真实训、校外实战训练、顶岗实训的专业实践或自主创业，开展专创融合实践教学。同时组织学生参加"互联网+"大学生创新创业大赛、"挑战杯"全国大学生系列科技学术竞赛等。竞赛是创新性、实践性、综合性很强的创新活动，可使学生在创新意识、工程实践能力、团队协作水平等方面得到极大提高，促进专创融合理念和工匠精神在人才培养中的融通和升华。

### 三、成效经验

**1. 取得了一系列荣誉, 实现了"岗课赛证"综合育人**

近年来, 教师指导学生参加各级各类创新创业比赛, 获国家级金奖 1 项、二等奖 1 项、三等奖 3 项, 省级一等奖 6 项、二等奖 8 项、三等奖 15 项。参赛学生的创新创业素养明显提升, 全校学生的创新意识明显增强。

**2. 培育了一大批创新意识强的骨干和创业达人**

学校通过双创比赛将学生的创新创业意识提升到新的高度, 同时依托职教集团聚集校内外优质双创教学资源, 组建了包括企业管理者、风投专家、校内教师在内的校企双导师团, 有针对性地指导学生创业项目。校内导师有助于学生提高项目的技术创新成分, 帮助学生解决项目研发中的技术问题; 企业导师能够促进创新创业项目与产业发展的有效契合, 帮助学生从市场化角度开展市场调查、设计商业模式、提高项目可行性和营利能力, 寻找时机将项目推向市场; 风投专家能够引进天使投资及公司注册、项目推广等方面的社会资源, 帮助学生解决初创项目的资金投入和市场占有等问题。最终学校培育出了一大批创新意识强的骨干和创业达人, 为社会经济发展提供了大量优质人力资源和技术智力支持。

**3. 创新了"岗课赛证"综合育人模式**

学校大力推进创新创业教育的内涵建设, 构建了包含师资队伍、课程体系、创新创业大赛、实践基地、校园文化等内容的大学生创新创业教育体系, 提升了大学生的创新创业能力。学校基于"产教科创"融合理念, 以"产业为依托, 教育为支撑, 科技为引领, 创业为导向", 构建了师生共创、以赛促创、引培并举、专创融合的创新创业项目孵化人才培养模式, 实现了职业教育与创新创业的有机融合, 进行了科创融合、专创融合等综合育人模式的真正实践。

## 四、推广应用

学校坚持以学习者为中心，以"产业为依托，教育为支撑，科技为引领，创业为导向"，构建了师生共创、以赛促创、引培并举、专创融合的创新创业项目孵化人才培养模式，提升了学生的创新创业意识，加强了双创教师团队的建设，改革创新了双创比赛的工作机制体制，在学生参与创新创业比赛等方面取得了一系列成果。从校赛到国赛双创竞赛体系已形成成熟的模式。近几年，学校在学生技能竞赛、创新创业大赛等比赛中获得多项国家级、省级荣誉。

### 案例三　制冷与空调技术专业

产教融合背景下校企融合的"岗课赛证"一体化人才培养模式探索

#### 一、实施背景

2021 年 10 月，国务院印发了《2030 年前碳达峰行动方案》，要求将碳达峰贯穿于经济社会发展全过程和各方面，鼓励高校深化产教融合，创新人才培养模式。

制冷空调设备是与工农业生产、国民经济及人民生活密切相关的机械装备，是国家现代经济活动中不可或缺的生产资料和国民生活资料。随着空调制造业绿色节能、智能化趋势的快速发展，整个空调产业面临着消费需求、行业规范、技术优化等多方面变革。空调产业由低科技含量的传统制造业向高科技含量的智能制造业转变，企业需要大量高技术技能型人才。

我校制冷与空调技术专业随着企业人才职业能力需求的变化，深化产教融合、加强与头部空调企业合作办学，对空调行业企业、同类院校、毕业生和在校生进行深入调研，全面掌握空调产业发展趋势、人才结构和需求情况，了解企业岗位设置和岗位能力要求等，对专业人才培养目标进行精准定位，对高质量复合型人才的知识、能力和素质结构进行合理设计，构建符合培养规格、校企融合的"岗课赛证"一体化人才培养模式。

## 二、主要做法

1. 构建独具特色校企融合的"岗课赛证"一体化课程体系

通过实地走访、会议访谈、问卷调查和资料检索等多种方式进行调研，以产教融合、校企合作办学为切入点，积极探索与实践"校企"双主体教学，深度对接空调制造业，基于"人才共育、教学共管、师资共培、基地共建、资源共享"的原则，把基于工作岗位的知识、能力和素质教育、基于证书的"双证"教育、基于技能竞赛的工匠精神培育和基于创新创业的教育作为高质量复合型人才培养的突破口，将"岗、课、证、赛"融入人才培养的各个环节，形成校企融合的"岗课赛证"一体化课程体系，如表7-6所示。

表7-6 校企融合的"岗课赛证"一体化课程体系

| 对接类型 | | 专业课程名称 | 能力培养 |
|---|---|---|---|
| 岗课 | 空调生产制造 | 制冷原理与设备、制冷装置电气控制技术、制冷压缩机的拆装与测试、PLC技术及应用、工业机器人技术基础、钳工实训、岗位实习 | 人文素质、专业知识、专业技能 |
| | 空调装置测试 | 空调器性能测试、制冷原理与设备、制冷装置电气控制技术、岗位实习 | |
| 岗课 | 空调设备维修 | 制冷原理与设备、电工电子技术、制冷装置电气控制技术、小型制冷装置安装与维修、钎焊实训、电焊实训、电工实训、岗位实习 | 人文素质、专业知识、专业技能 |
| | 空调工艺设计 | 制冷原理与设备、CAD实训、UG实训、岗位实习 | |
| 课证 | 制冷空调系统安装维修工职业资格证书 | 制冷空调系统安装维修工四级证书考试 | 职业能力 |
| 课赛 | 世界技能大赛 | 制冷原理与设备、电工电子技术、制冷装置电气控制技术、小型制冷装置安装与维修、钎焊实训 | 职业能力、自主学习能力、可持续发展能力 |

2. 共建校企双流动和双服务的"双师型"教学团队

进行紧密的校企合作，深化产教融合，基于"人才共育、教学共管、师资共培、基地共建、资源共享"原则，实施招生、培养、就业一体化，共建校企双流动和双服务的"双师型"教学团队，实现人员的无缝对接，如专业主任与企业主管对接、专任教师与企业导师对接，学校班主任与企业班主任对接，最大限度利用双方的资源优势，校企协同育人。

3. 共建学徒制岗位课程，实现"岗课赛证"产教融合式培养

根据专业调研的职业岗位典型工作任务和岗位能力要求，以及毕业生调研中学生对所学课程的重要度建议，将人才培养方案课程体系中的 6 门课程设置为学徒制岗位课程，学徒制岗位课程的课程标准由校企共同开发制订，课程教学全部在长沙格力暖通制冷设备有限公司等头部企业生产现场进行，并且由企业导师主讲授课，课程的评价考核也在企业完成，实现了岗位设置与产业需求对接、教学过程与生产过程对接、教学内容与企业技术升级同步，保证企业人才需求与学校人才供给在规格、质量方面的高度一致。学徒制岗位课程设置如表 7-7 所示，学生企业实践如图 7-28 所示。

表 7-7　学徒制岗位课程设置汇总表

| 课程名称 | 课程地位 | 设置目的 |
|---|---|---|
| 空调器性能测试 | 专业核心课程 | 教学内容与企业技术升级同步，精准对接岗位技能和素质需求，提升人才培养质量 |
| 制冷压缩机的拆装与测试 | 专业核心课程 | 教学过程与制冷压缩机生产过程对接，精准对接岗位技能和素质需求，提升人才培养质量 |
| 钎焊实训 | 集中实训课程 | 全面提升空调生产制造测试与自动化设备运行维护等核心岗位的人才培养质量 |
| 电焊实训 | | |
| 生产实习 | | |
| 岗位实习 | | |

图 7-28 湖南铁道职业技术学院制冷与空调技术专业学生赴企业实践

3. 校企共建共享产教融合实训基地, 成立名师工作室, 实现"岗课赛证"产教融合式培养

依托学校组建的轨道交通装备制造职业教育集团, 与株洲桓基电气股份有限公司签订产教融合校企合作协议, 双方共建共享校企共同体基地、共建共享产学研合作平台, 同时企业捐赠价值 100 余万元的机车空调教学设施设备, 为校企协同培养学生、培训企业员工提供实践场所。根据企业发展需求, 利用双方资源, 校企共建"朱诗君名师工作室"（如图 7-29 所示）, 为企业员工开展空调铜管焊接、空调调试与常见故障维修技能培训服务, 为企业成员提供了职业培训机会, 提高了职业院校的社会服务能力；校企共建专兼

结合的教科研团队，联合开发教学资源和科研项目，联合申报发明专利或实用新型专利；校企合作开发课程资源，融合企业安全管理、6S 管理、质量管理等理念，培养标准化操作、爱岗敬业、吃苦耐劳、有团队合作意识和精神的人才，实现人才培养与企业需求零距离对接。

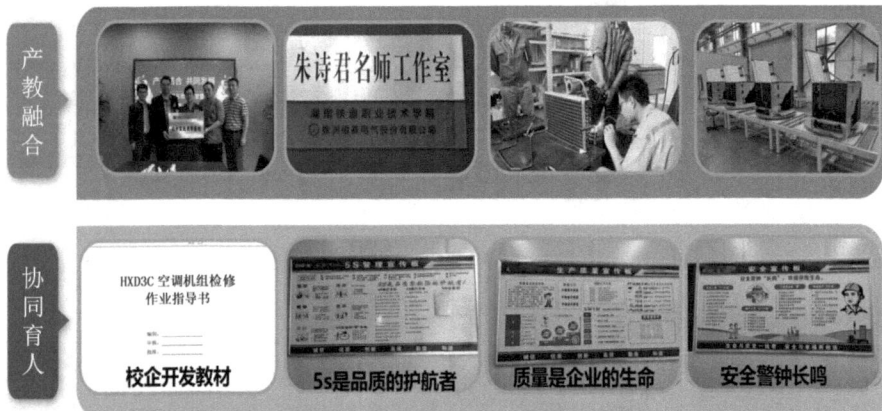

图 7-29　产教融合、协同育人

### 三、成效经验

产教融合背景下校企融合的"岗课赛证"一体化人才培养模式探索实践，带来了以下成效。

1. 有利于培养适应时代需求的高素质、高技能复合型人才

学校通过构建产教融合背景下校企融合的"岗课赛证"一体化人才培养模式，把基于工作岗位的知识、能力和素质教育、基于证书的"双证"教育、基于技能竞赛的工匠精神培育和基于创新创业的教育作为高质量复合型人才培养的突破口，将"岗、课、赛、证、创"融入人才培养的各个环节，实现教学过程与企业工作过程对接、课程内容与职业标准对接、毕业证书与职业技能等级证书对接、职业能力与技能大赛对接。这有利于培养适应时代需求的高素质、高技能复合型人才。

2. 有利于建设技术领先、设施齐全的产学研共同体基地

学校提供场所，企业投入先进的设备和技术，校企共建共享国内技术领先、设施齐全的集教学、职业技能培训、技术研发和应用于一体的产学研共同体基地。这为校企协同培养学生、培训企业员工提供实践场所，极大地解决了校内硬件设备单一落后、实训教学内容滞后于岗位需求的一系列问题，有效解除了校企合作在空间和时间上的障碍，使人才培养落到实处，也为高职院校专业的实践基地建设和实践教学改革提供了借鉴。

3. 培育了一大批大国工匠、企业骨干和创业达人

学校通过实践产教融合背景下校企融合的"岗课赛证"一体化人才培养模式，培育出了一大批大国工匠、能工巧匠、企业骨干及自主创业达人。这为社会经济发展提供了大量优质人力资源和技术智力支持，培养出了具有工匠精神的应用型人才，实现了职业教育与企业生产融合的真实落地为株洲地方和湖南区域的经济发展贡献了力量。

# 附　录

## 附录1　国务院关于印发国家职业教育改革实施方案的通知_ 教育_中国政府网(www.gov.cn)

索引号：000014349/2019-00005　　　　主题分类：科技、教育\教育

发文机关：国务院　　　　　　　　　　成文日期：2019 年 01 月 24 日

标　　题：国务院关于印发国家职业教育改革实施方案的通知

发文字号：国发〔2019〕4 号　　　　　　发布日期：2019 年 02 月 13 日

### 国务院关于印发国家职业教育改革
### 实施方案的通知

国发〔2019〕4 号

各省、自治区、直辖市人民政府，国务院各部委、各直属机构：

　　现将《国家职业教育改革实施方案》印发给你们，请认真贯彻执行。

国务院

2019 年 1 月 24 日

（此件公开发布）

## 国家职业教育改革实施方案

　　职业教育与普通教育是两种不同教育类型，具有同等重要地位。改革开放以来，职业教育为我国经济社会发展提供了有力的人才和智力支撑，现代职业教育体系框架全面建成，服务经济社会发展能力和社会吸引力不断增强，具备了基本实现现代化的诸多有利条件和良好工作基础。随着我国进入新的发展阶段，产业升级和经济结构调整不断加快，各行各业对技术技能人才的需求越来越紧迫，职业教育重要地位和作用越来越凸显。但是，与发达国家相比，与建设现代化经济体系、建设教育强国的要求相比，我国职业教育还存在着体系建设不够完善、职业技能实训基地建设有待加强、制度标准不够健全、企业参与办学的动力不足、有利于技术技能人才成长的配套政策尚待完善、办学和人才培养质量水平参差不齐等问题，到了必须下大力气抓好的时候。没有职业教育现代化就没有教育现代化。为贯彻全国教育大会精神，进一步办好新时代职业教育，落实《中华人民共和国职业教育法》，制定本实施方案。

　　总体要求与目标：坚持以习近平新时代中国特色社会主义思想为指导，把职业教育摆在教育改革创新和经济社会发展中更加突出的位置。牢固树立新发展理念，服务建设现代化经济体系和实现更高质量更充分就业需要，对接科技发展趋势和市场需求，完善职业教育和培训体系，优化学校、专业布局，深化办学体制改革和育人机制改革，以促进就业和适应产业发展需求为导向，鼓励和支持社会各界特别是企业积极支持职业教育，着力培养高素质劳动者和技术技能人才。经过5~10年左右时间，职业教育基本完成由政府举办为主向政府统筹管理、社会多元办学的格局转变，由追求规模扩张向提高质量转变，由参照普通教育办学模式向企业社会参与、专业特色鲜明的类型教育转变，大幅提升新时代职业教育现代化水平，为促进经济社会发展和提高国家竞争力提供优质人才资源支撑。

　　具体指标：到2022年，职业院校教学条件基本达标，一大批普通本科高等学校向应用型转变，建设 50 所高水平高等职业学校和 150 个骨干专业（群）。建成覆盖大部分行业领域、具有国际先进水平的中国职业教育标准体系。企业参与职业教育的积极性有较大提升，培育数以万计的产教融合型企业，打造一批优秀职业教育培训评价组织，推动建设 300 个具有辐射引领作用的高水平专业化产教融合实训基地。职业院校实践性教学课时原则上占总课时一半以上，顶岗实习时间一般为 6 个月。"双师型"教师（同时具备理论教学和实践教学能力的教师）占专业课教师总数超过一半，分专业建设一批国家级职业教育教师教学创新团队。从 2019 年开始，在职业院校、应用型本科高校启动"学历证书+若干职业技能等级证书"制度试点（以下称 1+X 证书制度试点）工作。

## 一、完善国家职业教育制度体系

### （一）健全国家职业教育制度框架

把握好正确的改革方向，按照"管好两端、规范中间、书证融通、办学多元"的原则，严把教学标准和毕业学生质量标准两个关口。将标准化建设作为统领职业教育发展的突破口，完善职业教育体系，为服务现代制造业、现代服务业、现代农业发展和职业教育现代化提供制度保障与人才支持。建立健全学校设置、师资队伍、教学教材、信息化建设、安全设施等办学标准，引领职业教育服务发展、促进就业创业。落实好立德树人根本任务，健全德技并修、工学结合的育人机制，完善评价机制，规范人才培养全过程。深化产教融合、校企合作，育训结合，健全多元化办学格局，推动企业深度参与协同育人，扶持鼓励企业和社会力量参与举办各类职业教育。推进资历框架建设，探索实现学历证书和职业技能等级证书互通衔接。

### （二）提高中等职业教育发展水平

优化教育结构，把发展中等职业教育作为普及高中阶段教育和建设中国特色职业教育体系的重要基础，保持高中阶段教育职普比大体相当，使绝大多数城乡新增劳动力接受高中阶段教育。改善中等职业学校基本办学条件。加强省级统筹，建好办好一批县域职教中心，重点支持集中连片特困地区每个地(市、州、盟)原则上至少建设一所符合当地经济社会发展和技术技能人才培养需要的中等职业学校。指导各地优化中等职业学校布局结构，科学配置并做大做强职业教育资源。加大对民族地区、贫困地区和残疾人职业教育的政策、金融支持力度，落实职业教育东西协作行动计划，办好内地少数民族中职班。完善招生机制，建立中等职业学校和普通高中统一招生平台，精准服务区域发展需求。积极招收初高中毕业未升学学生、退役军人、退役运动员、下岗职工、返乡农民工等接受中等职业教育；服务乡村振兴战略，为广大农村培养以新型职业农民为主体的农村实用人才。发挥中等职业学校作用，帮助部分学业困难学生按规定在职业学校完成义务教育，并接受部分职业技能学习。

鼓励中等职业学校联合中小学开展劳动和职业启蒙教育，将动手实践内容纳入中小学相关课程和学生综合素质评价。

(三)推进高等职业教育高质量发展

把发展高等职业教育作为优化高等教育结构和培养大国工匠、能工巧匠的重要方式，使城乡新增劳动力更多接受高等教育。高等职业学校要培养服务区域发展的高素质技术技能人才，重点服务企业特别是中小微企业的技术研发和产品升级，加强社区教育和终身学习服务。建立"职教高考"制度，完善"文化素质+职业技能"的考试招生办法，提高生源质量，为学生接受高等职业教育提供多种入学方式和学习方式。在学前教育、护理、养老服务、健康服务、现代服务业等领域，扩大对初中毕业生实行中高职贯通培养的招生规模。启动实施中国特色高水平高等职业学校和专业建设计划，建设一批引领改革、支撑发展、中国特色、世界水平的高等职业学校和骨干专业(群)。根据高等学校设置制度规定，将符合条件的技师学院纳入高等学校序列。

### (四) 完善高层次应用型人才培养体系

完善学历教育与培训并重的现代职业教育体系，畅通技术技能人才成长渠道。发展以职业需求为导向、以实践能力培养为重点、以产学研用结合为途径的专业学位研究生培养模式，加强专业学位硕士研究生培养。推动具备条件的普通本科高校向应用型转变，鼓励有条件的普通高校开办应用技术类型专业或课程。开展本科层次职业教育试点。制定中国技能大赛、全国职业院校技能大赛、世界技能大赛获奖选手等免试入学政策，探索长学制培养高端技术技能人才。服务军民融合发展，把军队相关的职业教育纳入国家职业教育大体系，共同做好面向现役军人的教育培训，支持其在服役期间取得多类职业技能等级证书，提升技术技能水平。落实好定向培养直招士官政策，推动地方院校与军队院校有效对接，推动优质职业教育资源向军事人才培养开放，建立军地网络教育资源共享机制。制订具体政策办法，支持适合的退役军人进入职业院校和普通本科高校接受教育和培训，鼓励支持设立退役军人教育培训集团(联盟)，推动退役、培训、就业有机衔接，为促进退役军人特别是退役士兵就业创业作出贡献。

## 二、构建职业教育国家标准

### (五) 完善教育教学相关标准

发挥标准在职业教育质量提升中的基础性作用。按照专业设置与产业需求对接、课程内容与职业标准对接、教学过程与生产过程对接的要求，完善中等、高等职业学校设置标准，规范职业院校设置；实施教师和校长专业标准，提升职业院校教学管理和教学实践能力。持续更新并推进专业目录、专业教学标准、课程标准、顶岗实习标准、实训条件建设标准(仪器设备配备规范)建设和在职业院校落地实施。巩固和发展国务院教育行政部门联合行业制定国家教学标准、职业院校依据标准自主制订人才培养方案的工作格局。

（六）启动 1+X 证书制度试点工作

深化复合型技术技能人才培养培训模式改革，借鉴国际职业教育培训普遍做法，制订工作方案和具体管理办法，启动 1+X 证书制度试点工作。试点工作要进一步发挥好学历证书作用，夯实学生可持续发展基础，鼓励职业院校学生在获得学历证书的同时，积极取得多类职业技能等级证书，拓展就业创业本领，缓解结构性就业矛盾。国务院人力资源社会保障行政部门、教育行政部门在职责范围内，分别负责管理监督考核院校外、院校内职业技能等级证书的实施（技工院校内由人力资源社会保障行政部门负责），国务院人力资源社会保障行政部门组织制定职业标准，国务院教育行政部门依照职业标准牵头组织开发教学等相关标准。院校内培训可面向社会人群，院校外培训也可面向在校学生。各类职业技能等级证书具有同等效力，持有证书人员享受同等待遇。院校内实施的职业技能等级证书分为初级、中级、高级，是职业技能水平的凭证，反映职业活动和个人职业生涯发展所需要的综合能力。

（七）开展高质量职业培训

落实职业院校实施学历教育与培训并举的法定职责，按照育训结合、长短结合、内外结合的要求，面向在校学生和全体社会成员开展职业培训。自2019 年开始，围绕现代农业、先进制造业、现代服务业、战略性新兴产业，推动职业院校在 10 个左右技术技能人才紧缺领域大力开展职业培训。引导行业企业深度参与技术技能人才培养培训，促进职业院校加强专业建设、深化课程改革、增强实训内容、提高师资水平，全面提升教育教学质量。各级政府要积极支持职业培训，行政部门要简政放权并履行好监管职责，相关下属机构要优化服务，对于违规收取费用的要严肃处理。畅通技术技能人才职业发展通道，鼓励其持续获得适应经济社会发展需要的职业培训证书，引导和支持企业等用人单位落实相关待遇。对取得职业技能等级证书的离校未就业高校毕业生，按规定落实职业培训补贴政策。

(八)实现学习成果的认定、积累和转换

加快推进职业教育国家"学分银行"建设,从 2019 年开始,探索建立职业教育个人学习账号,实现学习成果可追溯、可查询、可转换。有序开展学历证书和职业技能等级证书所体现的学习成果的认定、积累和转换,为技术技能人才持续成长拓宽通道。职业院校对取得若干职业技能等级证书的社会成员,支持其根据证书等级和类别免修部分课程,在完成规定内容学习后依法依规取得学历证书。对接受职业院校学历教育并取得毕业证书的学生,在参加相应的职业技能等级证书考试时,可免试部分内容。从 2019 年起,在有条件的地区和高校探索实施试点工作,制定符合国情的国家资历框架。

## 三、促进产教融合校企"双元"育人

(九)坚持知行合一、工学结合

借鉴"双元制"等模式,总结现代学徒制和企业新型学徒制试点经验,校企共同研究制定人才培养方案,及时将新技术、新工艺、新规范纳入教学标准和教学内容,强化学生实习实训。健全专业设置定期评估机制,强化地方引导本区域职业院校优化专业设置的职责,原则上每 5 年修订 1 次职业院校专业目录,学校依据目录灵活自主设置专业,每年调整 1 次专业。健全专业教学资源库,建立共建共享平台的资源认证标准和交易机制,进一步扩大优质资源覆盖面。遴选认定一大批职业教育在线精品课程,建设一大批校企"双元"合作开发的国家规划教材,倡导使用新型活页式、工作手册式教材并配套开发信息化资源。每 3 年修订 1 次教材,其中专业教材随信息技术发展和产业升级情况及时动态更新。适应"互联网+职业教育"发展需求,运用现代信息技术改进教学方式方法,推进虚拟工厂等网络学习空间建设和普遍应用。

（十）推动校企全面加强深度合作

职业院校应当根据自身特点和人才培养需要，主动与具备条件的企业在人才培养、技术创新、就业创业、社会服务、文化传承等方面开展合作。学校积极为企业提供所需的课程、师资等资源，企业应当依法履行实施职业教育的义务，利用资本、技术、知识、设施、设备和管理等要素参与校企合作，促进人力资源开发。校企合作中，学校可从中获得智力、专利、教育、劳务等报酬，具体分配由学校按规定自行处理。在开展国家产教融合建设试点基础上，建立产教融合型企业认证制度，对进入目录的产教融合型企业给予"金融+财政+土地+信用"的组合式激励，并按规定落实相关税收政策。试点企业兴办职业教育的投资符合条件的，可按投资额一定比例抵免该企业当年应缴教育费附加和地方教育附加。厚植企业承担职业教育责任的社会环境，推动职业院校和行业企业形成命运共同体。

（十一）打造一批高水平实训基地

加大政策引导力度，充分调动各方面深化职业教育改革创新的积极性，带动各级政府、企业和职业院校建设一批资源共享，集实践教学、社会培训、企业真实生产和社会技术服务于一体的高水平职业教育实训基地。面向先进制造业等技术技能人才紧缺领域，统筹多种资源，建设若干具有辐射引领作用的高水平专业化产教融合实训基地，推动开放共享，辐射区域内学校和企业；鼓励职业院校建设或校企共建一批校内实训基地，提升重点专业建设和校企合作育人水平。积极吸引企业和社会力量参与，指导各地各校借鉴德国、日本、瑞士等国家经验，探索创新实训基地运营模式。提高实训基地规划、管理水平，为社会公众、职业院校在校生取得职业技能等级证书和企业提升人力资源水平提供有力支撑。

（十二）多措并举打造"双师型"教师队伍

从 2019 年起，职业院校、应用型本科高校相关专业教师原则上从具有

3 年以上企业工作经历并具有高职以上学历的人员中公开招聘，特殊高技能人才（含具有高级工以上职业资格人员）可适当放宽学历要求，2020 年起基本不再从应届毕业生中招聘。加强职业技术师范院校建设，优化结构布局，引导一批高水平工科学校举办职业技术师范教育。实施职业院校教师素质提高计划，建立 100 个"双师型"教师培养培训基地，职业院校、应用型本科高校教师每年至少 1 个月在企业或实训基地实训，落实教师 5 年一周期的全员轮训制度。探索组建高水平、结构化教师教学创新团队，教师分工协作进行模块化教学。定期组织选派职业院校专业骨干教师赴国外研修访学。在职业院校实行高层次、高技能人才以直接考察的方式公开招聘。建立健全职业院校自主聘任兼职教师的办法，推动企业工程技术人员、高技能人才和职业院校教师双向流动。职业院校通过校企合作、技术服务、社会培训、自办企业等所得收入，可按一定比例作为绩效工资来源。

## 四、建设多元办学格局

### （十三）推动企业和社会力量举办高质量职业教育

各级政府部门要深化"放管服"改革，加快推进职能转变，由注重"办"职业教育向"管理与服务"过渡。政府主要负责规划战略、制定政策、依法依规监管。发挥企业重要办学主体作用，鼓励有条件的企业特别是大企业举办高质量职业教育，各级人民政府可按规定给予适当支持。完善企业经营管理和技术人员与学校领导、骨干教师相互兼职兼薪制度。2020 年初步建成 300 个示范性职业教育集团（联盟），带动中小企业参与。支持和规范社会力量兴办职业教育培训，鼓励发展股份制、混合所有制等职业院校和各类职业培训机构。建立公开透明规范的民办职业教育准入、审批制度，探索民办职业教育负面清单制度，建立健全退出机制。

### （十四）做优职业教育培训评价组织

职业教育包括职业学校教育和职业培训，职业院校和应用型本科高校按照国家教学标准和规定职责完成教学任务和职业技能人才培养。同时，也必须调动社会力量，补充校园不足，助力校园办学。能够依据国家有关法规和职业标准、教学标准完成的职业技能培训，要更多通过职业教育培训评价组织(以下简称培训评价组织)等参与实施。政府通过放宽准入，严格末端监督执法，严格控制数量，扶优、扶大、扶强，保证培训质量和学生能力水平。要按照在已成熟的品牌中遴选一批、在成长中的品牌中培育一批、在有需要但还没有建立项目的领域中规划一批的原则，以社会化机制公开招募并择优遴选培训评价组织，优先从制订过国家职业标准并完成标准教材编写，具有专家、师资团队、资金实力和 5 年以上优秀培训业绩的机构中选择。培训评价组织应对接职业标准，与国际先进标准接轨，按有关规定开发职业技能等级标准，负责实施职业技能考核、评价和证书发放。政府部门要加强监管，防止出现乱培训、滥发证现象。行业协会要积极配合政府，为培训评价组织提供好服务环境支持，不得以任何方式收取费用或干预企业办学行为。

## 五、完善技术技能人才保障政策

### (十五)提高技术技能人才待遇水平

支持技术技能人才凭技能提升待遇，鼓励企业职务职级晋升和工资分配向关键岗位、生产一线岗位和紧缺急需的高层次、高技能人才倾斜。建立国家技术技能大师库，鼓励技术技能大师建立大师工作室，并按规定给予政策和资金支持，支持技术技能大师到职业院校担任兼职教师，参与国家重大工程项目联合攻关。积极推动职业院校毕业生在落户、就业、参加机关事业单位招聘、职称评审、职级晋升等方面与普通高校毕业生享受同等待遇。逐步提高技术技能人才特别是技术工人收入水平和地位。机关和企事业单位招用人员不得歧视职业院校毕业生。国务院人力资源社会保障行政部门会同有关部门，适时组织清理调整对技术技能人才的歧视政策，推动形成人人皆可成才、人人尽展其才的良好环境。按照国家有关规定加大对职业院校参加有关技能大赛成绩突出毕业生的表彰奖励力度。办好职业教育活动周和世界青年技能日宣传活动，深入开展"大国工匠进校园"、"劳模进校园"、"优秀职校生校园分享"等活动，宣传展示大国工匠、能工巧匠和高素质劳动者的事迹和形象，培育和传承好工匠精神。

(十六) 健全经费投入机制

各级政府要建立与办学规模、培养成本、办学质量等相适应的财政投入制度，地方政府要按规定制定并落实职业院校生均经费标准或公用经费标准。在保障教育合理投入的同时，优化教育支出结构，新增教育经费要向职业教育倾斜。鼓励社会力量捐资、出资兴办职业教育，拓宽办学筹资渠道。进一步完善中等职业学校生均拨款制度，各地中等职业学校生均财政拨款水平可适当高于当地普通高中。各地在继续巩固落实好高等职业教育生均财政拨款水平达到12000元的基础上，根据发展需要和财力可能逐步提高拨款水平。组织实施好现代职业教育质量提升计划、产教融合工程等。经费投入要进一步突出改革导向，支持校企合作，注重向中西部、贫困地区和民族地区倾斜。进一步扩大职业院校助学金覆盖面，完善补助标准动态调整机制，落实对建档立卡等家庭经济困难学生的倾斜政策，健全职业教育奖学金制度。

## 六、加强职业教育办学质量督导评价

(十七) 建立健全职业教育质量评价和督导评估制度

以学习者的职业道德、技术技能水平和就业质量，以及产教融合、校企合作水平为核心，建立职业教育质量评价体系。定期对职业技能等级证书有关工作进行"双随机、一公开"的抽查和监督，从2019年起，对培训评价组织行为和职业院校培训质量进行监测和评估。实施职业教育质量年度报告制度，报告向社会公开。完善政府、行业、企业、职业院校等共同参与的质量评价机制，积极支持第三方机构开展评估，将考核结果作为政策支持、绩效考核、表彰奖励的重要依据。完善职业教育督导评估办法，建立职业教育定期督导评估和专项督导评估制度,落实督导报告、公报、约谈、限期整改、奖惩等制度。国务院教育督导委员会定期听取职业教育督导评估情况汇报。

(十八)支持组建国家职业教育指导咨询委员会

为把握正确的国家职业教育改革发展方向,创新我国职业教育改革发展模式,提出重大政策研究建议,参与起草、制订国家职业教育法律法规,开展重大改革调研,提供各种咨询意见,进一步提高政府决策科学化水平,规划并审议职业教育标准等,在政府指导下组建国家职业教育指导咨询委员会。成员包括政府人员、职业教育专家、行业企业专家、管理专家、职业教育研究人员、中华职业教育社等团体和社会各方面热心职业教育的人士。通过政府购买服务等方式,听取咨询机构提出的意见建议并鼓励社会和民间智库参与。政府可以委托国家职业教育指导咨询委员会作为第三方,对全国职业院校、普通高校、校企合作企业、培训评价组织的教育管理、教学质量、办学方式模式、师资培养、学生职业技能提升等情况,进行指导、考核、评估等。

## 七、做好改革组织实施工作

(十九)加强党对职业教育工作的全面领导

以习近平新时代中国特色社会主义思想特别是习近平总书记关于职业教育的重要论述武装头脑、指导实践、推动工作。加强党对教育事业的全面领导,全面贯彻党的教育方针,落实中央教育工作领导小组各项要求,保证职业教育改革发展正确方向。要充分发挥党组织在职业院校的领导核心和政治核心作用,牢牢把握学校意识形态工作领导权,将党建工作与学校事业发展同部署、同落实、同考评。指导职业院校上好思想政治理论课,实施好中等职业学校"文明风采"活动,推进职业教育领域"三全育人"综合改革试点工作,使各类课程与思想政治理论课同向同行,努力实现职业技能和职业精神培养高度融合。加强基层党组织建设,有效发挥基层党组织的战斗堡垒作用和共产党员的先锋模范作用，带动学校工会、共青团等群团组织和学生会组织建设，汇聚每一位师生员工的积极性和主动性。

(二十)完善国务院职业教育工作部际联席会议制度

国务院职业教育工作部际联席会议由教育、人力资源社会保障、发展改革、工业和信息化、财政、农业农村、国资、税务、扶贫等单位组成，国务院分管教育工作的副总理担任召集人。联席会议统筹协调全国职业教育工作，研究协调解决工作中重大问题，听取国家职业教育指导咨询委员会等方面的意见建议，部署实施职业教育改革创新重大事项，每年召开两次会议，各成员单位就有关工作情况向联席会议报告。国务院教育行政部门负责职业教育工作的统筹规划、综合协调、宏观管理，国务院教育行政部门、人力资源社会保障行政部门和其他有关部门在职责范围内，分别负责有关的职业教育工作。各成员单位要加强沟通协调，做好相关政策配套衔接，在国家和区域战略规划、重大项目安排、经费投入、企业办学、人力资源开发等方面形成政策合力。推动落实《中华人民共和国职业教育法》，为职业教育改革创新提供重要的制度保障。

# 附录2　教育部等四部门印发《关于在院校实施"学历证书+若干职业技能等级证书"制度试点方案》的通知-中华人民共和国教育部政府门户网站(moe.gov.cn)

信息名称：教育部等四部门印发《关于在院校实施"学历证书+若干职业技能等级证书"制度试点方案》的通知

信息索引：360A07-06-2019-0013-1　　生成日期：2019-04-10　　发文机构：教育部等四部门

发文字号：教职成〔2019〕6号　　　　信息类别：职业教育与成人教育

内容概述：教育部等四部门印发《关于在院校实施"学历证书+若干职业技能等级证书"制度试点方案》。

## 教育部等四部门印发《关于在院校实施"学历证书+若干职业技能等级证书"制度试点方案》的通知

教职成〔2019〕6 号

各省、自治区、直辖市教育厅(教委)、发展改革委、财政厅(局)、市场监管局,新疆生产建设兵团教育局、发展改革委、财政局、市场监管局,有关单位:

为深入贯彻党的十九大精神,按照全国教育大会部署和落实《国家职业教育改革实施方案》(简称"职教 20 条")要求,教育部会同国家发展改革委、财政部、市场监管总局制定了《关于在院校实施"学历证书+若干职业技能等级证书"制度试点方案》(以下简称《方案》),启动"学历证书+若干职业技能等级证书"(简称 1+X 证书)制度试点工作。现将《方案》印发给你们,请结合本地区、本部门实际情况组织实施。

教育部　国家发展改革委

财政部　市场监管总局

2019 年 4 月 4 日

## 关于在院校实施"学历证书+若干职业技能等级证书"制度试点方案

按照国务院印发的《国家职业教育改革实施方案》(简称"职教 20 条")要求,经国务院职业教育工作部际联席会议研究通过,现就在院校实施"学历证书+若干职业技能等级证书"制度试点,制定以下工作方案。

### 一、总体要求

(一)指导思想和基本原则

以习近平新时代中国特色社会主义思想为指导,深入贯彻落实全国教育大会部署，完善职业教育和培训体系，按照高质量发展要求，坚持以学生为中心，深化复合型技术技能人才培养培训模式和评价模式改革，提高人才培养质量，畅通技术技能人才成长通道，拓展就业创业本领。

坚持政府引导、社会参与，育训结合、保障质量，管好两端、规范中间，试点先行、稳步推进的原则。加强政府统筹规划、政策支持、监督指导，引导社会力量积极参与职业教育与培训。落实职业院校学历教育和培训并举并重的法定职责，坚持学历教育与职业培训相结合，促进书证融通。严把证书标准和人才质量两个关口，规范培养培训过程。从试点做起，用改革的办法稳步推进，总结经验、完善机制、防控风险。

### (二)目标任务

自 2019 年开始，重点围绕服务国家需要、市场需求、学生就业能力提升，从 10 个左右领域做起，启动 1+X 证书制度试点工作。落实"放管服"改革要求，以社会化机制招募职业教育培训评价组织(以下简称培训评价组织)，开发若干职业技能等级标准和证书。有关院校将 1+X 证书制度试点与专业建设、课程建设、教师队伍建设等紧密结合，推进"1"和"X"的有机衔接，提升职业教育质量和学生就业能力。通过试点，深化教师、教材、教法"三教"改革；促进校企合作；建好用好实训基地；探索建设职业教育国家"学分银行"，构建国家资历框架。

## 二、试点内容

### (一)培育培训评价组织

培训评价组织作为职业技能等级证书及标准的建设主体，对证书质量、声誉负总责，主要职责包括标准开发、教材和学习资源开发、考核站点建设、考核颁证等，并协助试点院校实施证书培训。按照在已成熟的品牌中遴选一批、在成长中的品牌中培育一批、在有关评价证书缺失的领域中规划准备一批的原则，面向实施职业技能水平评价相关工作的社会评价组织，以社会化机制公开招募并择优遴选参与试点。试点本着严格控制数量，扶优、扶大、扶强的原则逐步推开。地方有关部门、行业组织要热心支持培训评价组织建设和发展，不得违规收取或变相收取任何费用。

(二)开发职业技能等级证书

职业技能等级证书以社会需求、企业岗位(群)需求和职业技能等级标准为依据，对学习者职业技能进行综合评价，如实反映学习者职业技术能力，证书分为初级、中级、高级。培训评价组织按照相关规范，联合行业、企业和院校等，依据国家职业标准，借鉴国际国内先进标准，体现新技术、新工艺、新规范、新要求等，开发有关职业技能等级标准。国务院教育行政部门根据国家标准化工作要求设立有关技术组织，做好职业教育与培训标准化工作的顶层设计，创新标准建设机制，编制标准化工作指南，指导职业技能等级标准开发。试点实践中充分发挥培训评价组织的作用，鼓励其不断开发更科学、更符合社会实际需要的职业技能等级标准和证书。

(三)融入专业人才培养

院校是1+X证书制度试点的实施主体。中等职业学校、高等职业学校可结合初级、中级、高级职业技能等级开展培训评价工作，本科层次职业教育试点学校、应用型本科高校及国家开放大学可根据专业实际情况选择。试点院校要根据职业技能等级标准和专业教学标准要求，将证书培训内容有机融入专业人才培养方案，优化课程设置和教学内容，统筹教学组织与实施，深化教学方式方法改革，提高人才培养的灵活性、适应性、针对性。试点院校可以通过培训、评价使学生获得职业技能等级证书，也可探索将相关专业课程考试与职业技能等级考核统筹安排，同步考试(评价)，获得学历证书相应学分和职业技能等级证书。深化校企合作，坚持工学结合，充分利用院校和企业场所、资源，与评价组织协同实施教学、培训。加强对有关领域校企合作项目与试点工作的统筹。

### (四)实施高质量职业培训

试点院校要结合职业技能等级证书培训要求和相关专业建设,改善实训条件,盘活教学资源,提高培训能力,积极开展高质量培训。根据社会、市场和学生技能考证需要,对专业课程未涵盖的内容或需要特别强化的实训,组织开展专门培训。试点院校在面向本校学生开展培训的同时,积极为社会成员提供培训服务。社会成员自主选择证书类别、等级,在试点院校内、外进行培训。新入校园证书必须通过遴选渠道,已取消的职业资格证书不得再引入。教育行政部门、院校要建立健全进入院校内的各类证书的质量保障机制,杜绝乱培训、滥发证,保障学生权益,有关工作另行安排。

### (五)严格职业技能等级考核与证书发放

培训评价组织负责职业技能等级考核与证书发放。考核内容要反映典型岗位(群)所需的职业素养、专业知识和职业技能,体现社会、市场、企业和学生个人发展需求。考核方式要灵活多样,强化对完成典型工作任务能力的考核。考核站点一般应设在符合条件的试点院校。要严格考核纪律,加强过程管理,推进考核工作科学化、标准化、规范化。要建立健全考核安全、保密制度,强化保障条件,加强考点(考场)和保密标准化建设。通过考核的学生和社会人员取得相应等级的职业技能等级证书。

### (六)探索建立职业教育国家"学分银行"

国务院教育行政部门探索建立职业教育"学分银行"制度,研制相关规范,建设信息系统,对学历证书和职业技能等级证书所体现的学习成果进行登记和存储,计入个人学习账号,尝试学习成果的认定、积累与转换。学生和社会成员在按规定程序进入试点院校接受相关专业学历教育时,可按规定兑换学分,免修相应课程或模块,促进学历证书与职业技能等级证书互通。研究探索构建符合国情的国家资历框架。

(七)建立健全监督、管理与服务机制

建立职业技能等级证书和培训评价组织监督、管理与服务机制。建设培训评价组织遴选专家库和招募遴选管理办法。本着公正公平公开的原则进行公示公告。建立监督管理制度,教育行政部门和职业教育指导咨询委员会要加强对职业技能等级证书有关工作的指导,定期开展"双随机、一公开"的抽查和监督。对培训评价组织行为和院校培训质量进行监测和评估。培训评价组织的行为同时接受学校、社会、学生、家长等的监督评价。院校和学生自主选择 X 证书,同时加强引导,避免出现片面的"考证热"。

## 三、试点范围及进度安排

(一)试点范围

面向现代农业、先进制造业、现代服务业、战略性新兴产业等 20 个技能人才紧缺领域,率先从 10 个左右职业技能领域做起。省级教育行政部门根据有关要求对符合条件的申报院校进行备案。试点院校以高等职业学校、中等职业学校(不含技工学校)为主,本科层次职业教育试点学校、应用型本科高校及国家开放大学等积极参与,省级及以上示范(骨干、优质)高等职业学校和"中国特色高水平高职学校和专业建设计划"入选学校要发挥带头作用。

(二)进度安排

2019 年首批启动五个领域试点,已确定的五个培训评价组织对接试点院校,并启动有关信息化平台建设;陆续启动其他领域试点工作。2020 年下半年,做好试点工作阶段性总结,研究部署下一步工作。

## 四、组织实施

(一)明确组织分工

国务院教育行政部门负责做好 1+X 证书制度试点工作的整体规划、部署和宏观指导，对院校职业技能等级证书的实施工作负监督管理职责。国务院市场监督管理部门（国家标准化管理委员会）负责协调指导职业教育与培训标准化建设。各省级教育行政部门主要负责指导本区域 1+X 证书制度试点工作，会同省级有关部门研究制定支持激励教师参与试点工作的有关政策，将参与职业技能等级证书培训与考核相关工作列入教师和教学管理人员工作量范畴，帮助协调解决试点中出现的新情况、新问题。省级有关职能部门负责研究确定证书培训考核收费管理相关政策。试点院校党委要加强对试点工作的领导，按有关规定加大资源统筹调配力度。

（二）强化基础条件保障

各省（区、市）在政策、资金和项目等方面向参与实施试点的院校倾斜，支持学校教学实训资源与培训考核资源共建共享，推动学校建好用好学校自办、学校间联办、与企业合办、政府开办等各种类型的实训基地。要吸引社会投资进入职业教育培训领域。通过政府和社会资本合作（PPP 模式）等方式，积极支持社会资本参与实训基地建设和运营。产教融合实训基地和产教融合型企业要积极参与实施培训。

（三）加强师资队伍建设

各省（区、市）和试点院校要加强专兼结合的师资队伍建设，打造能够满足教学与培训需求的教学创新团队，促进教育培训质量全面提升。要将职业技能等级证书有关师资培训纳入职业院校教师素质提高计划项目。培训评价组织要组建来自行业企业、院校和研究机构的高素质专家队伍，面向试点院校定期开展师资培训和交流，提高教师实施教学、培训和考核评价能力。

（四）建立健全投入机制

中央财政建立奖补机制，通过相关转移支付对各省 1+X 证书制度试点工作予以奖补。各省（区、市）要加大资金投入，重点支持深化职业教育教学改革、加强技术技能人才培养培训等方面，并通过政府购买服务等方式支持开展职业技能等级证书培训和考核工作。参加职业技能等级证书考核的建档立卡等家庭经济困难学生免除有关考核费用。凡未纳入 1+X 证书制度试点范围的培训、评价、认证等，不享受试点有关经费支持。

(五)加强信息化管理与服务

建设 1+X 证书信息管理服务平台，开发集政策发布、过程监管、证书查询、监督评价等功能的权威性信息系统。参与 1+X 证书制度试点的学生，获取的职业技能等级证书都将进入服务平台，与职业教育国家学分银行个人学习账户系统对接，记录学分，并提供网络公开查询等社会化服务，便于用人单位识别和学生就业。运用大数据、云计算、移动互联网、人工智能等信息技术，提升证书考核、培训及管理水平，充分利用新技术平台，开展在线服务，提升学习者体验。

## 附录 3　中共中央办公厅 国务院办公厅印发《关于推动现代职业教育高质量发展的意见》_中央有关文件_中国政府网( www. gov. cn )

中共中央办公厅　国务院办公厅印发
《关于推动现代职业教育高质量发展的意见》

2021-10-12 19：09 来源：新华社

字号：默认　大　超大 | 打印

收藏

留言

新华社北京 10 月 12 日电 近日，中共中央办公厅、国务院办公厅印发了《关于推动现代职业教育高质量发展的意见》，并发出通知，要求各地区各部门结合实际认真贯彻落实。

《关于推动现代职业教育高质量发展的意见》主要内容如下。

职业教育是国民教育体系和人力资源开发的重要组成部分,肩负着培养多样化人才、传承技术技能、促进就业创业的重要职责。在全面建设社会主义现代化国家新征程中,职业教育前途广阔、大有可为。为贯彻落实全国职业教育大会精神,推动现代职业教育高质量发展,现提出如下意见。

**一、总体要求**

(一)指导思想

以习近平新时代中国特色社会主义思想为指导,深入贯彻党的十九大和十九届二中、三中、四中、五中全会精神,坚持党的领导,坚持正确办学方向,坚持立德树人,优化类型定位,深入推进育人方式、办学模式、管理体制、保障机制改革,切实增强职业教育适应性,加快构建现代职业教育体系,建设技能型社会,弘扬工匠精神,培养更多高素质技术技能人才、能工巧匠、大国工匠,为全面建设社会主义现代化国家提供有力人才和技能支撑。

(二)工作要求

坚持立德树人、德技并修,推动思想政治教育与技术技能培养融合统一;坚持产教融合、校企合作,推动形成产教良性互动、校企优势互补的发展格局;坚持面向市场、促进就业,推动学校布局、专业设置、人才培养与市场需求相对接;坚持面向实践、强化能力,让更多青年凭借一技之长实现人生价值;坚持面向人人、因材施教,营造人人努力成才、人人皆可成才、人人尽展其才的良好环境。

(三)主要目标

到2025年,职业教育类型特色更加鲜明,现代职业教育体系基本建成,技能型社会建设全面推进。办学格局更加优化,办学条件大幅改善,职业本科教育招生规模不低于高等职业教育招生规模的10%，职业教育吸引力和培养质量显著提高。

到2035年，职业教育整体水平进入世界前列，技能型社会基本建成。技术技能人才社会地位大幅提升，职业教育供给与经济社会发展需求高度匹配，在全面建设社会主义现代化国家中的作用显著增强。

## 二、强化职业教育类型特色

### （四）巩固职业教育类型定位

因地制宜、统筹推进职业教育与普通教育协调发展。加快建立"职教高考"制度，完善"文化素质+职业技能"考试招生办法，加强省级统筹，确保公平公正。加强职业教育理论研究，及时总结中国特色职业教育办学规律和制度模式。

### （五）推进不同层次职业教育纵向贯通

大力提升中等职业教育办学质量，优化布局结构，实施中等职业学校办学条件达标工程，采取合并、合作、托管、集团办学等措施，建设一批优秀中等职业学校和优质专业，注重为高等职业教育输送具有扎实技术技能基础和合格文化基础的生源。支持有条件的中等职业学校根据当地经济社会发展需要试办社区学院。推进高等职业教育提质培优，实施好"双高计划"，集中力量建设一批高水平高等职业学校和专业。稳步发展职业本科教育，高标准建设职业本科学校和专业，保持职业教育办学方向不变、培养模式不变、特色发展不变。一体化设计职业教育人才培养体系，推动各层次职业教育专业设置、培养目标、课程体系、培养方案衔接，支持在培养周期长、技能要求高的专业领域实施长学制培养。鼓励应用型本科学校开展职业本科教育。按照专业大致对口原则，指导应用型本科学校、职业本科学校吸引更多中高职毕业生报考。

（六）促进不同类型教育横向融通

加强各学段普通教育与职业教育渗透融通，在普通中小学实施职业启蒙教育，培养掌握技能的兴趣爱好和职业生涯规划的意识能力。探索发展以专项技能培养为主的特色综合高中。推动中等职业学校与普通高中、高等职业学校与应用型大学课程互选、学分互认。鼓励职业学校开展补贴性培训和市场化社会培训。制定国家资历框架，建设职业教育国家学分银行，实现各类学习成果的认证、积累和转换，加快构建服务全民终身学习的教育体系。

### 三、完善产教融合办学体制

（七）优化职业教育供给结构

围绕国家重大战略，紧密对接产业升级和技术变革趋势，优先发展先进制造、新能源、新材料、现代农业、现代信息技术、生物技术、人工智能等产业需要的一批新兴专业，加快建设学前、护理、康养、家政等一批人才紧缺的专业，改造升级钢铁冶金、化工医药、建筑工程、轻纺制造等一批传统专业，撤并淘汰供给过剩、就业率低、职业岗位消失的专业，鼓励学校开设更多紧缺的、符合市场需求的专业，形成紧密对接产业链、创新链的专业体系。优化区域资源配置，推进部省共建职业教育创新发展高地，持续深化职业教育东西部协作。启动实施技能型社会职业教育体系建设地方试点。支持办好面向农村的职业教育，强化校地合作、育训结合，加快培养乡村振兴人才，鼓励更多农民、返乡农民工接受职业教育。支持行业企业开展技术技能人才培养培训，推行终身职业技能培训制度和在岗继续教育制度。

（八）健全多元办学格局

构建政府统筹管理、行业企业积极举办、社会力量深度参与的多元办学格局。健全国有资产评估、产权流转、权益分配、干部人事管理等制度。鼓励上市公司、行业龙头企业举办职业教育，鼓励各类企业依法参与举办职业教育。鼓励职业学校与社会资本合作共建职业教育基础设施、实训基地，共建共享公共实训基地。

（九）协同推进产教深度融合

各级政府要统筹职业教育和人力资源开发的规模、结构和层次，将产教融合列入经济社会发展规划。以城市为节点、行业为支点、企业为重点，建设一批产教融合试点城市，打造一批引领产教融合的标杆行业，培育一批行业领先的产教融合型企业。积极培育市场导向、供需匹配、服务精准、运作规范的产教融合服务组织。分级分类编制发布产业结构动态调整报告、行业人才就业状况和需求预测报告。

**四、创新校企合作办学机制**

（十）丰富职业学校办学形态

职业学校要积极与优质企业开展双边多边技术协作，共建技术技能创新平台、专业化技术转移机构和大学科技园、科技企业孵化器、众创空间，服务地方中小微企业技术升级和产品研发。推动职业学校在企业设立实习实训基地、企业在职业学校建设培养培训基地。推动校企共建共管产业学院、企业学院，延伸职业学校办学空间。

（十一）拓展校企合作形式内容

职业学校要主动吸纳行业龙头企业深度参与职业教育专业规划、课程设置、教材开发、教学设计、教学实施，合作共建新专业、开发新课程、开展订单培养。鼓励行业龙头企业主导建立全国性、行业性职教集团，推进实体化运作。探索中国特色学徒制，大力培养技术技能人才。支持企业接收学生实习实训，引导企业按岗位总量的一定比例设立学徒岗位。严禁向学生违规收取实习实训费用。

（十二）优化校企合作政策环境

各地要把促进企业参与校企合作、培养技术技能人才作为产业发展规划、产业激励政策、乡村振兴规划制定的重要内容，对产教融合型企业给予"金融+财政+土地+信用"组合式激励，按规定落实相关税费政策。工业和信息化部门要把企业参与校企合作的情况，作为各类示范企业评选的重要参考。教育、人力资源社会保障部门要把校企合作成效作为评价职业学校办学质量的重要内容。国有资产监督管理机构要支持企业参与和举办职业教育。鼓励金融机构依法依规为校企合作提供相关信贷和融资支持。积极探索职业学校实习生参加工伤保险办法。加快发展职业学校学生实习实训责任保险和人身意外伤害保险，鼓励保险公司对现代学徒制、企业新型学徒制保险专门确定费率。职业学校通过校企合作、技术服务、社会培训、自办企业等所得收入，可按一定比例作为绩效工资来源。

**五、深化教育教学改革**

（十三）强化双师型教师队伍建设

加强师德师风建设，全面提升教师素养。完善职业教育教师资格认定制度，在国家教师资格考试中强化专业教学和实践要求。制定双师型教师标准，完善教师招聘、专业技术职务评聘和绩效考核标准。按照职业学校生师比例和结构要求配齐专业教师。加强职业技术师范学校建设。支持高水平学校和大中型企业共建双师型教师培养培训基地，落实教师定期到企业实践的规定，支持企业技术骨干到学校从教，推进固定岗与流动岗相结合、校企互聘兼职的教师队伍建设改革。继续实施职业院校教师素质提高计划。

（十四）创新教学模式与方法

提高思想政治理论课质量和实效，推进习近平新时代中国特色社会主义思想进教材、进课堂、进头脑。举办职业学校思想政治教育课程教师教学能力比赛。普遍开展项目教学、情境教学、模块化教学，推动现代信息技术与教育教学深度融合，提高课堂教学质量。全面实施弹性学习和学分制管理，支持学生积极参加社会实践、创新创业、竞赛活动。办好全国职业院校技能大赛。

(十五) 改进教学内容与教材

完善"岗课赛证"综合育人机制，按照生产实际和岗位需求设计开发课程，开发模块化、系统化的实训课程体系，提升学生实践能力。深入实施职业技能等级证书制度，完善认证管理办法，加强事中事后监管。及时更新教学标准，将新技术、新工艺、新规范、典型生产案例及时纳入教学内容。把职业技能等级证书所体现的先进标准融入人才培养方案。强化教材建设国家事权，分层规划，完善职业教育教材的编写、审核、选用、使用、更新、评价监管机制。引导地方、行业和学校按规定建设地方特色教材、行业适用教材、校本专业教材。

(十六) 完善质量保证体系

建立健全教师、课程、教材、教学、实习实训、信息化、安全等国家职业教育标准，鼓励地方结合实际出台更高要求的地方标准，支持行业组织、龙头企业参与制定标准。推进职业学校教学工作诊断与改进制度建设。完善职业教育督导评估办法，加强对地方政府履行职业教育职责督导，做好中等职业学校办学能力评估和高等职业学校适应社会需求能力评估。健全国家、省、学校质量年报制度，定期组织质量年报的审查抽查，提高编制水平，加大公开力度。强化评价结果运用，将其作为批复学校设置、核定招生计划、安排重大项目的重要参考。

## 六、打造中国特色职业教育品牌

(十七) 提升中外合作办学水平

办好一批示范性中外合作办学机构和项目。加强与国际高水平职业教育机构和组织合作,开展学术研究、标准研制、人员交流。在"留学中国"项目、中国政府奖学金项目中设置职业教育类别。

(十八)拓展中外合作交流平台

全方位践行世界技能组织 2025 战略,加强与联合国教科文组织等国际和地区组织的合作。鼓励开放大学建设海外学习中心,推进职业教育涉外行业组织建设,实施职业学校教师教学创新团队、高技能领军人才和产业紧缺人才境外培训计划。积极承办国际职业教育大会,办好办实中国–东盟教育交流周,形成一批教育交流、技能交流和人文交流的品牌。

(十九)推动职业教育走出去

探索"中文+职业技能"的国际化发展模式。服务国际产能合作,推动职业学校跟随中国企业走出去。完善"鲁班工坊"建设标准,拓展办学内涵。提高职业教育在出国留学基金等项目中的占比。积极打造一批高水平国际化的职业学校,推出一批具有国际影响力的专业标准、课程标准、教学资源。各地要把职业教育纳入对外合作规划,作为友好城市(省州)建设的重要内容。

## 七、组织实施

(二十)加强组织领导

各级党委和政府要把推动现代职业教育高质量发展摆在更加突出的位置,更好支持和帮助职业教育发展。职业教育工作部门联席会议要充分发挥作用,教育行政部门要认真落实对职业教育工作统筹规划、综合协调、宏观管理职责。国家将职业教育工作纳入省级政府履行教育职责督导评价,各省将职业教育工作纳入地方经济社会发展考核。选优配强职业学校主要负责人,建设高素质专业化职业教育干部队伍。落实职业学校在内设机构、岗位设置、用人计划、教师招聘、职称评聘等方面的自主权。加强职业学校党建工作,落实意识形态工作责任制,开展新时代职业学校党组织示范创建和质量创优工作,把党的领导落实到办学治校、立德树人全过程。

(二十一)强化制度保障

加快修订职业教育法,地方结合实际制定修订有关地方性法规。健全政府投入为主、多渠道筹集职业教育经费的体制。优化支出结构,新增教育经费向职业教育倾斜。严禁以学费、社会服务收入冲抵生均拨款,探索建立基于专业大类的职业教育差异化生均拨款制度。

(二十二)优化发展环境

加强正面宣传,挖掘宣传基层和一线技术技能人才成长成才的典型事迹,弘扬劳动光荣、技能宝贵、创造伟大的时代风尚。打通职业学校毕业生在就业、落户、参加招聘、职称评审、晋升等方面的通道,与普通学校毕业生享受同等待遇。对在职业教育工作中取得成绩的单位和个人、在职业教育领域作出突出贡献的技术技能人才,按照国家有关规定予以表彰奖励。各地将符合条件的高水平技术技能人才纳入高层次人才计划,探索从优秀产业工人和农业农村人才中培养选拔干部机制,加大技术技能人才薪酬激励力度,提高技术技能人才社会地位。

## 附录4　教育部等三十五部门关于印发《全国职业院校技能大赛章程》的通知–中华人民共和国教育部政府门户网站（moe. gov. cn）

信息名称：　教育部等三十五部门关于印发《全国职业院校技能大赛章程》的通知

信息索引：　360A07-06-2021-0032-1　　生成日期：　2021-10-21　　发文机构：　教育部等三十五部门

发文字号：　教职成函〔2021〕11 号　　　　信息类别：　职业教育与成人教育

内容概述：　教育部等三十五部门印发《全国职业院校技能大赛章程》。

# 教育部等三十五部门关于印发
# 《全国职业院校技能大赛章程》的通知

教职成函〔2021〕11号

各省、自治区、直辖市教育厅(教委),各计划单列市教育局,新疆生产建设兵团教育局,有关单位:

为贯彻落实习近平新时代中国特色社会主义思想和党的十九大及十九届二中、三中、四中、五中全会精神,贯彻习近平总书记关于教育的重要论述和全国教育大会精神、全国职业教育大会精神,落实《国家职业教育改革实施方案》,激励青年一代技能成才、技能报国,建设高质量职业教育体系,推进全国职业院校技能大赛科学化、制度化、规范化建设,全国职业院校技能大赛组委会研究修订了《全国职业院校技能大赛章程》。现印发给你们,请遵照执行。

教育部　国家发展改革委　科学技术部

工业和信息化部　国家民委　民政部

财政部　人力资源社会保障部　自然资源部

生态环境部　住房和城乡建设部　交通运输部

水利部　农业农村部　商务部

文化和旅游部　国家卫生健康委　应急管理部

国务院国资委　国家粮食和物资储备局　中国民用航空局

国家乡村振兴局　国家中医药管理局　中华全国总工会

共青团中央　中华职业教育社　中华全国供销合作总社

中国职业技术教育学会　中国机械工业联合会

中国石油和化学工业联合会　中国物流与采购联合会

中国纺织工业联合会　中国有色金属工业协会

中国煤炭工业协会　天津市人民政府

2021年9月2日

## 全国职业院校技能大赛章程

坚持以习近平新时代中国特色社会主义思想为指导，深入贯彻落实党中央、国务院关于职业教育重要部署，依据《中华人民共和国职业教育法》，优化职业教育类型定位，加快构建现代职业教育体系，深化"三教"改革、"岗课赛证"综合育人，促进职业教育高质量发展，培养更多高素质技术技能人才、能工巧匠、大国工匠，推进全国职业院校技能大赛规范化建设，提高专业化水平，确保大赛规范、公平、优质、高效、廉洁，办成世界水平赛事，制定本章程。

### 第一章　总则

**第一条**　全国职业院校技能大赛(以下简称大赛)是教育部发起并牵头，联合国务院其他有关部门以及有关行业组织、人民团体、学术团体和地方共同举办的一项公益性、全国性职业院校师生综合技能竞赛活动。大赛每年举办一届。

**第二条**　大赛是提升技术技能人才培养质量、检验教学成果、引领教育教学改革的重要抓手，是职业院校教育教学活动的一种重要形式和有效延伸。大赛以提升职业院校学生技能水平、培育工匠精神为宗旨，以促进职业教育专业建设和教学改革、提高教育教学质量为导向，面向全国职业院校在校师生，基本覆盖职业院校主要专业群，是对接产业需求、反映国家职业教育教学水平的师生技能赛事。

**第三条**　大赛秉持育人为本理念。坚持德技并修、工学结合，深化产教融合、校企合作，弘扬劳动光荣、技能宝贵、创造伟大的时代风尚，推动人人皆可成才、人人尽展其才的局面形成，引导全社会了解、支持和参与职业教育。

**第四条**　大赛力求办出教育特色、社会影响、世界水平。坚持以赛促教、以赛促学、以赛促改，赛课融通、赛训结合；合理借鉴世界技能大赛的理念和标准，对标世界先进水平，培养高素质技能人才，促进技能型社会建设；坚持政府主导、学校主体、行业指导、企业支持、社会参与，推动合作办赛、开放办赛，打造富有创意、影响深远的技能大赛。

**第五条** 大赛建立学校、省级、国家三级竞赛体系。国赛选手须来自省赛，形成"校有比赛，省有竞赛，国有大赛"的职业院校技能竞赛体系。大赛分为中等职业学校和高等职业学校(含专科、本科层次)两个组别。大赛实行赛区制，比赛相对集中举办。

**第六条** 大赛着重考核选手的综合素质和手脑并用能力。内容设计围绕职业教育国家教学标准和真实工作的过程、任务与要求，重点考查选手的职业素养、实践动手能力、规范操作程度、精细工作质量、创新创意水平、应变能力、工作组织能力和团队合作精神。

**第七条** 大赛经费多渠道筹措。大赛经费来自各级政府为举办大赛投入的财政资金、比赛项目(简称赛项)承办单位自筹资金和社会捐赠资金等。

### 第二章 组织机构

**第八条** 大赛设立全国职业院校技能大赛组织委员会(简称大赛组委会)。大赛组委会是大赛的最高领导决策机构，由联办单位有关负责人组成。大赛组委会设主任、委员若干名。大赛组委会任期一届5年，委员可以连任。

**第九条** 大赛组委会主要职责包括：

1. 确定大赛定位、办赛原则及组织形式；

2. 做好大赛顶层设计和制度安排；

3. 审定赛事规划；

4. 审定设赛范围及实施方案；

5. 发布年度赛事公告；

6. 审定年度赛项承办地、承办院校和合作企业；

7. 指导开展大赛；

8. 审定发布大赛最终成绩；

9. 确定大赛的奖惩问责；

10. 需要决策的大赛其他重大事项。

**第十条** 大赛组委会设秘书处，负责大赛组委会日常事务。大赛组委会秘书处设在教育部职业教育与成人教育司，设秘书长1名，根据工作需要设副秘书长。

**第十一条**　大赛设立全国职业院校技能大赛执行委员会(简称大赛执委会)。大赛执委会在大赛组委会领导下开展工作,负责具体赛事组织与管理并定期向组委会报告工作,由开幕式(或闭幕式)所在赛区代表、赛区执委会主任、赛项专家组长等组成。大赛执委会设主任1名、副主任、委员若干名。大赛执委会任期与大赛组委会一致,委员可以连任。

**第十二条**　大赛执委会主要职责包括:

1. 制订赛事管理制度,健全完善议事规则;

2. 组织全国行业职业教育教学指导委员会(简称行指委)、教育部职业院校教学(教育)指导委员会(简称教指委),全国性的行业协会、学会、院校等方面的专家制订赛事规划;

3. 制订赛区方案;

4. 组织赛项申报和遴选,制订赛项目录;

5. 组织赛项规程和赛题编制;

6. 审定赛项组织机构,审核赛项执委会、专家、裁判、监督仲裁人员资格及确定具体人员;

7. 负责部本资金和社会捐赠货币资金的使用并按规定做好监管和绩效考核等工作;

8. 统筹大赛同期活动;

9. 监督各赛区汇总比赛相关资料,并存档备案;

10. 聘请法律顾问,对赛事规则、程序、经费管理等进行合法性审查,负责处理相关法律事务;

11. 开展大赛研究,组织相关培训;

12. 做好大赛年度总结工作;

13. 承办大赛组委会及其秘书处交办的其他事项。

**第十三条**　大赛执委会设办公室,负责大赛日常管理。大赛执委会办公室设在教育部职业教育发展中心。办公室设主任1名,根据工作需要设副主任。

**第十四条**　大赛执委会设经费管理委员会。负责对执委会办公室提交的赛事公共运转支出预(决)算和具体赛项补助经费预(决)算提出审核意见，供执委会决策参考。经费管理委员会设主任 1 名，委员若干名。经费管理委员会任期与大赛执委会一致。

第十五条　大赛组委会秘书处每年对大赛组委会、执委会和经费管理委员会成员名单重新核实、更新、确定一次，结果与年度大赛通知一并发布。

第十六条　赛区由申报遴选制和协商制产生。省级教育行政部门经省级政府授权根据自身条件、承办意愿、产业发展和职业院校综合实力，向大赛执委会提出赛区承办申请，执委会组织遴选，由执委会办公室报组委会秘书处审批。大赛赛区每年确定一次。

第十七条　赛区设组织委员会(简称赛区组委会)。赛区组委会是各赛区赛事组织的领导决策机构，负责监督赛区承办赛项的各项工作及经费使用。赛区组委会设主任 1 名，原则上由承办地分管教育的副省级领导担任。

第十八条　赛区设执行委员会(简称赛区执委会)。赛区执委会在赛区组委会领导下开展工作，负责本赛区的具体赛事组织。赛区执委会设主任 1 名。

第十九条　赛区执委会主要职责包括：

1. 落实申办承诺，组织协调本赛区承办赛项的筹备工作；

2. 组织遴选承办校和合作企业，将结果报大赛执委会备案；

3. 协调赛场所在地人民政府、赛项执行委员会(简称赛项执委会)和承办院校落实赛场、赛务以及安全保障工作；

4. 按规定负责本赛区承办赛项经费的使用与管理，委托会计师事务所进行赛项经费收支审计；

5. 负责宣传方案设计；

6. 做好本赛区的比赛资料汇总工作；

7. 落实大赛执委会及赛区组委会安排的其他工作。

第二十条　各赛项设赛项执委会。赛项执委会在大赛执委会领导下开展工作，并接受赛项所在赛区执委会的协调和指导。各赛项组织机构须经大赛执委会核准后成立。执委会成员包括行指委、教指委、承办校及所在地人民政府相关部门。

第二十一条　赛项执委会主要职责包括：

1. 全面负责本赛项的筹备和实施工作；

2. 编制赛项经费预(决)算，监督赛项预算执行以及经费的使用与管理；

3. 向大赛执委会推荐赛项专家工作组成员、裁判和监督仲裁人员；

4. 赛项展示体验和宣传工作；

5. 统筹赛事安全保障工作；

6. 统筹实施赛项资源转化工作；

7. 做好赛项年度总结；

8. 落实大赛执委会及赛区执委会安排的其他工作。

第二十二条　赛项专家工作组在大赛执委会领导下开展工作。赛项专家工作组主要职责包括：赛项技术文件编撰、赛题设计、赛场设计、赛事咨询、竞赛成绩分析和技术点评、资源转化、裁判人员培训等竞赛技术工作。

第二十三条　赛项由赛区执委会选择条件适宜的城市和职业院校单独承办或校企联办。鼓励场馆模式集中办赛，允许特殊赛项根据实际情况分散办赛。承办地需提供经费、场馆支持和安全保障等。赛项承办院校在赛区执委会和赛项执委会领导下开展工作，负责赛项的具体实施和运行保障。

第二十四条　赛项承办院校遴选原则是：

1. 由各赛区对申请承办赛项的院校择优遴选；

2. 院校优势专业及当地优势产业与赛项内容相关度高；

3. 同一院校同一届大赛承办赛项原则上不超过 2 个，首次承办比赛的院校当届大赛承办赛项不超过 1 个；

4. 同一院校承办同一赛项原则上连续不超过 2 届，优先考虑承办院校第二年对同一赛项的承办申请；

5. 拥有至少一次承办省级(含)及以上技能大赛的经历，且未发生过违纪违规行为及安全事故。

第二十五条　赛项承办院校主要职责包括：

1. 按照赛项技术方案落实比赛场地以及基础设施；

2. 配合赛项执委会做好比赛的组织、接待工作；

3.配合赛区执委会做好比赛的宣传工作；

4.维持赛场秩序，保障赛事安全和相关保密工作；

5.参与赛项经费预算编制和管理，执行赛项预算支出；

6.比赛过程文件存档和赛后资料上报等。

**第二十六条** 赛项合作企业遴选原则和职责是：

1.合作企业遴选遵循公开、公平、公正原则，满足意向承办赛项技术方案要求；

2.同一合作企业参与申请承办的年度赛项不超过2项；

3.同一合作企业申办同一赛项联合申请承办的学校不超过2所；

4.合作企业应履行合同承诺，保证赛前捐赠资金到账，捐赠设施设备到位，技术服务支持及时；

5.合作企业应配合赛区执委会做好赛事工作；

6.合作企业重视职业教育、资信状况良好、社会声誉良好，且无违法违规记录。

## 第三章 赛项设置

**第二十七条** 每5年制定一次大赛执行规划，规划赛项设置方向和大赛发展重点。制订赛项目录。大赛年度赛项以大赛执行规划为依据，每年遴选确定一次。

**第二十八条** 赛项设置须对应职业院校主要专业群，对接产业需求、行业标准和企业主流技术水平。大赛赛项分为常规赛项和行业特色赛项两类。中职组赛项和高职组赛项数量根据实际情况确定。

**第二十九条** 常规赛项指面向的专业全国布点较多、产业行业需求较大、比赛内容成熟、比赛用设备相对稳定、适当兼顾专业大类平衡的赛项；行业特色赛项指面向的专业对国家基础性、战略性产业起重要支持作用，行业特色突出、全国布点较少，由大赛组委会根据需要核准委托行业设计实施，大赛统一管理的赛项。

**第三十条** 中职赛项设计突出岗位针对性；高职赛项设计注重考查选手的综合技术应用能力与水平及团队合作能力，除岗位针对性极强的专业外，不做单一技能测试。比赛形式分为团体赛和个人赛。

**第三十一条** 赛项立项申报单位主要包括：

1. 全国行业职业教育教学指导委员会；

2. 教育部职业院校教学（教育）指导委员会；

3. 全国性行业学会（协会）；

4. 其他全国性的职业教育学术组织；

5. 各省级教育行政部门。

**第三十二条** 赛项设置遴选基本流程：

1. 大赛执委会发布赛项设置征集通知；

2. 申报单位将申报材料提交大赛执委会办公室；

3. 大赛执委会对申报赛项开展材料有效性核定，完善赛项目录，组织赛项初审、专家评议，形成拟设年度赛项建议；

4. 大赛组委会核准确定年度赛项；

5. 大赛执委会组织遴选赛区，协商确定赛区赛项；

6. 赛区执委会组织征集和遴选承办院校、合作企业，形成年度赛项承办院校和合作企业建议名单报大赛执委会；

7. 大赛组委会秘书处核准确定年度赛项承办省份、承办院校和合作企业。

### 第四章　参赛规则与奖项设置

**第三十三条** 省级教育行政部门负责分别组队参加中、高职组的比赛，适当控制参赛规模，计划单列市可单独组队参加中职组比赛。对涉及国家战略需求、新兴产业、人才紧缺专业、民族民间非遗传承等需要，且参赛规模不足 10 队的赛项，可适当放宽参赛队数。团体赛原则上不跨校组队。团体赛和个人赛参赛选手可根据需要配备指导教师。

**第三十四条** 参赛选手条件。原则上学生技能比赛的中职选手应为中等职业学校全日制在籍学生。高等职业学校专科、本科层次选手应为学校全日制在籍学生。五年制高职一、二、三年级学生参加中职组比赛，四、五年级学生参加高职组比赛。鼓励高职大龄学生、国际学生、符合条件的国际选手参赛。往届大赛获得过一等奖的学生不再参加同一项目相同组别的比赛。

可根据需要选择合适赛项接纳社会公众观摩体验，促进全社会崇尚和学习技能的良好氛围。

**第三十五条** 大赛坚持公益性。任何组织不得以竞赛名义营利，不得以任何名目向参赛选手和学校收取参赛费用，禁止命题专家以辅导培训名义向参赛选手和学校收取费用，禁止企业以支持办赛名义向参赛选手和学校收取费用。

**第三十六条** 大赛奖励办法。向参赛选手，比赛以赛项实际参赛队（团体赛）或参赛选手（个人赛）总数为基数设一、二、三等奖，获奖比例分别控制在 10%、20%、30%；面向大赛参与对象，包括专家、裁判员、监督仲裁员、工作人员、合作企业、承办院校及获奖选手（个人赛）或参赛队（团体赛）指导教师等颁发写实性证书。涉及专业布点数过少的行业特色赛项的设奖比例由大赛执委会根据常规赛项相应情况适当核减。各赛区和赛项不得以技能大赛名义另外设奖。大赛不进行省级单位或学校总成绩排名。

**第三十七条** 大赛采取赛区申办制。开幕式（或闭幕式）所在赛区按照自愿原则向执委会提出申请，执委会组织遴选，由执委会办公室报组委会秘书处审批，大赛组委会每年向开幕式（或闭幕式）所在赛区组委会授赛区旗，年度赛事结束后交还回大赛执委会。

## 第五章 宣传与资源转化

**第三十八条** 大赛设官方网站，并通过各类媒体深入开展多种形式的宣传推广。提升大赛管理的信息化水平。

**第三十九条** 大赛坚持加强与其他国际及区域性师生技能比赛的联系，建立交流渠道，促进相互了解，探索合作方式；及时借鉴国（境）外先进成熟赛事的标准、规范、经验；完善邀请国（境）外学校组队参赛的机制。

**第四十条** 大赛坚持资源转化与赛项筹办统筹设计、协调实施、相互驱动，将竞赛内容转化为教学资源，推动大赛成果在专业教学领域的推广和应用。

## 第六章 规范廉洁办赛

**第四十一条** 大赛坚持公平、公正、安全、有序。公开遴选承办地、承办校和合作企业，公开遴聘专家、裁判。赛前公开赛项规程、赛(样)题或题库、比赛时间、比赛方式、比赛规则、比赛环境、技术规范、技术平台、评分标准等内容。公开申诉程序，建立畅通的申诉渠道。

第四十二条 大赛坚持规范赛项设备与设施管理，规范赛项规程编制，规范专家和裁判管理，规范赛题管理。实施赛项监督仲裁制度。

第四十三条 大赛结束后公示和公开发布获奖名单。公示期内，大赛组委会秘书处接受实名书面形式投诉或异议反映，接受有具体事实的匿名投诉。大赛组委会保护实名投诉人的合法权益。对于赛事过程中，经查证属实的违纪违规行为，依据大赛相关制度规定追究相关人员或组织的责任，并给予相应惩戒。

第四十四条 大赛坚持规范经费的筹集、使用和管理，加强大赛经费管理，按相关规定严格执行捐赠、拨付、使用及审计等程序。

第四十五条 严格执行大赛纪律。坚持廉洁办赛、节约办赛，严禁铺张浪费，严格执行用餐、住宿、交通规定。严格贯彻落实中央八项规定精神、执行六项禁令和中纪委九个严禁要求。

### 第七章 附则

第四十六条 大赛执委会应依据本章程制定和公布大赛有关工作的具体规定、规则、办法、标准等规范性文件，严格遵守大赛经费管理办法。各赛区、赛项均要制定经费管理细则，并针对实施中新发现的问题适时作出补充说明或修订。

第四十七条 本章程的修订工作由大赛组委会秘书处根据需要启动和组织，修订内容须经组委会成员单位三分之二以上同意。

第四十八条 全国职业院校技能大赛教学能力比赛、中等职业学校班主任能力比赛等教师教育教学比赛，依照本章程总体要求，由教育部会同有关部门结合实际制定具体实施办法。

第四十九条 本章程自发布之日起生效，由大赛组委会秘书处负责解释。教育部等 37 部门印发的《全国职业院校技能大赛章程》(教职成函〔2018〕4 号)同时废止。

# 参考文献

[1] 党的二十大报告［EB/OL］.（2022-10-16）.https://www.12371.cn/.

[2] 国家职业教育改革实施方案［EB/OL］.（2019-02-13）.http://www.gov.cn/zhengce/content/2019-02/13/content_5365341.htm.

[3] 程智宾，李宏达，张健."岗课赛证"融通培养模式的价值追问、学理依凭和实践创新［J］.职教论坛，2021(11)：68-74.

[4] 王欣，金红梅.基于大职教观的职业教育"岗课赛证"融合育人的学理基础、内在要求及实施路径［J］.教育与职业，2022(2)：21-28.

[5] 吴蕴慧."岗课赛证"融通路径探究［J］.职业，2022(11)：40-43.

[6] 张卫丰，邢云凤.新技术革命背景下的校企产教融合路径研究［J］.高教学刊，2021，7(23)：77-80.

[7] 曹晔.新时代要全面深化职教师资队伍建设改革：《中共中央国务院关于全面深化新时代教师队伍建设改革的意见》解读［J］.江苏教育，2019(4)：24-28.

[8] 张继明.类型教育视角下职业教育的内涵式发展［J］.江苏教育，2022(36)：40-45.

[9] 鄢彬，蒋芝英.新发展格局下增强职业教育适应性的逻辑内涵与实践路径［J］.教育与职业，2021(12)：5-12.

[10] 彭振宇.职业教育作为类型教育之我见［J］.教育与职业，2019(9)：5-12.

[11] 李荣锦，范茜，金先念，等."岗课赛证"融通的高技能人才培养体系构建研究［J］.现代职业教育，2023(20)：157-160.

[12] 曾天山."岗课赛证融通"培养高技能人才的实践探索［J］.中国职业技术教育，

2021(8)：5-10.

[13] 常顺，孙晓阳，贾宁，等."岗课赛证"融通培养制药类高技能人才的实践探索[J].卫生职业教育，2022(10)：7-10.

[14] 陈丽婷，李寿冰.1+X证书制度实施的意义与现实问题分析[J].职业技术教育，2020,41(27)：13-18.

[15] 王丽新，李玉龙.高职院校"岗课赛证"综合育人的内涵与路径探索[J].中国职业技术教育，2021(26)：5-11.

[16] 江岸.高职软件技术专业群"课岗证赛"融合下的核心课程体系建设及改革[J].职业，2019(5)：40-41.

[17] 常洪伟，郑兴华."以赛代考"培养职业关键能力路径研究[J].中国职业技术教育，2020(35)：89-92.

[18] 史晓慧，杨盏."岗课赛证"四维联动提升高技能人才培养效能的路径探究[J].北京工业职业技术学院学报，2023(4)：55-58.

[19] 张慧青，王海英，刘晓.高职院校"岗课赛证"融合育人模式的现实问题与实践路径[J].教育与职业，2021(21)：27-34.

[20] 燕珊珊.闵课赛证融通的高技能人才培养的功能价值，实现机制与推进路径[J].教育与职业，2022(10)：34-41.

[21] 程智宾，李宏达，张健.岗课赛证融通培养模式的价值追问、学理依凭和实践创新[J].职教论坛，2021,37(11)：68-74.

[22] 巫富明."三教"改革背景下高职院校"岗课赛证"融通教学改革研究[J].江苏经贸职业技术学院学报，2023(5)：86-89.

[23] 孙善学.对1+X证书制度的几点认识[J].中国职业技术教育，2019(7)：72-76.

**图书在版编目(CIP)数据**

高职院校"岗课赛证"综合育人研究 / 刘志成,谭传武,刘硕著. —长沙:中南大学出版社,2024.8
ISBN 978-7-5487-5610-1

Ⅰ. ①高… Ⅱ. ①刘… ②谭… ③刘… Ⅲ. ①高等职业教育-教育管理-研究 Ⅳ. ①G718.5

中国国家版本馆 CIP 数据核字(2023)第 217286 号

## 高职院校"岗课赛证"综合育人研究
### GAOZHI YUANXIAO "GANGKE SAIZHENG" ZONGHE YUREN YANJIU

刘志成　谭传武　刘　硕　著

| □出　版　人 | 林绵优 | |
| □责任编辑 | 汪采知 | |
| □责任印制 | 唐　曦 | |
| □出版发行 | 中南大学出版社 | |
| | 社址:长沙市麓山南路 | 邮编:410083 |
| | 发行科电话:0731-88876770 | 传真:0731-88710482 |
| □印　　装 | 长沙创峰印务有限公司 | |

| □开　　本 | 710 mm×1000 mm 1/16 | □印张 13.25 | □字数 201 千字 |
| □版　　次 | 2024 年 8 月第 1 版 | | □印次 2024 年 8 月第 1 次印刷 |
| □书　　号 | ISBN 978-7-5487-5610-1 | | |
| □定　　价 | 68.00 元 | | |